Ex Libris

Grenzenlos Geliebt

Getragen von Seiner Liebe
Geheilt durch Sein Wort

Conny Hubbard

Autorin: Conny Hubbard
Cover Bild: Petra Fuchs
Übersetzung: Lydia Nagel
Layout Design: Jennifer Tipton Cappoen

Wenn nicht anders vermerkt, sind Bibelzitate aus der Guten Nachricht

Übersetzung (GNB) entnommen.

Lutherbibel (LUT), revidierter Text 1984, durchgesehene Ausgabe,

©1999 Deutsche Bibelgesellschaft, Stuttgart

Gute Nachricht Bibel, revidierte Fassung, durchgesehene Ausgabe,

©2000 Deutsche Bibelgesellschaft, Stuttgart

Titel der Originalausgabe: *So Loved* von Conny Hubbard.

PCBooks is an imprint of **Paws and Claws Publishing, LLC.**
1589 Skeet Club Road, Suite 102-175
High Point, NC 27265
www.PawsandClawsPublishing.com
info@pawsandclawspublishing.com

ISBN #978-0-9906067-6-5

Zu dem Titelbild

Ein Bild von einem Kind mit seinem Vater drückt die Sehnsucht des Menschen nach dem liebenden Vater aus. Der himmlische Vater möchte diese Sehnsucht in jedem Herzen stillen.

Zum einen ist sein Sohn, Jesus Christus, ein lebendiger Liebesbrief des Vaters an uns Menschen. Zum anderen lebt Gott der Vater mit jedem seiner Kinder eine individuelle Geschichte. Die Liebe Gottes ist die Grundlage dieser Beziehung. Wir sind in sein Ebenbild hinein geschaffen. Wenn wir in seiner Liebe bleiben, dann bleiben wir in ihm (1 Johannes 4,7-14).

Die goldene Farbe, mit der Sand und Sonne gemalt sind, spricht von der Herrlichkeit Gottes. Der blaue Himmel und das Meer deuten auf den Heiligen Geist hin, der uns in alle Wahrheit und Freiheit führt (Johannes 16,13).

Widmung

Ich widme diese Sammlung meinem Herrn und Erlöser, Jesus Christus.

Ich bin für immer dankbar!

Auch möchte ich dieses Buch meiner Mama, Anna Huss, widmen. Sie hat mich stets grenzenlos geliebt trotz meiner vielen Fehlern und hat mir die Grundlage meines Glaubens gelegt durch ihren Segen und ihren festen Glauben dass es mit Gott immer einen Weg gibt.

Inhaltsverzeichnis

Inhaltsverzeichnis

Vorwort zur deutschen Ausgabe

Da ich nun schon länger in den USA lebe, ist mein Deutsch nicht mehr so flüssig, daher danke ich ganz besonders meiner Schwester Lydia Nagel, die die Arbeit der Übersetzung übernommen hat. Ohne ihre Hilfe wäre die deutsche Ausgabe nicht möglich gewesen. Lydia hat nicht nur die Worte übersetzt, sondern hat in der Gegenwart Gottes immer wieder hingehört, wie sie diese ermutigenden Worte in unserer Muttersprache ausdrücken soll, so dass die deutschsprachigen Leser tief in ihrem Herzen die Liebe Gottes spüren.

Meine Schwester Petra Fuchs hat das Titelbild gemalt. Sie ist eine begabte Künstlerin und hat die Gott gegebene Fähigkeit, geistliche Dinge durch ihre Werke greifbar zu machen.

Die beiden sind die besten Schwestern und Freundinnen die man haben kann. Es ist daher eine Riesenfreude, dass wir alle drei an diesem Buch Anteil haben konnten. Obwohl sie beide in Deutschland leben und ich in den USA, sind wir mit Herz und Seele miteinander verbunden. Wir können nur Gott dafür danken und staunen über das, was er alles in unserem Leben getan hat. Ohne seine heilende Liebe wäre das alles nicht möglich. Wir geben daher Gott allein die Ehre und beten, dass er das, was wir hier anbieten, gebraucht, um vielen Menschen zu helfen, seine Liebe noch mehr an sich heranzulassen.

Einleitung—die Journal Einträge
und wie man dieses Buch am besten gebraucht

Diese Einträge wurden über eine Zeitraum von etwa 30 Jahren geschrieben, angefangen in 1985. Mein Tagebuch war ein wertvolles Werkzeug auf meinem geistlichen Weg mit Gott. Die meisten meiner Einträge waren ein Ausdruck meiner schmerzenden Seele. Aber das waren Zeiten, in denen ich gespürt habe, dass der Heilige Geist zu mir gesprochen hat. Ich habe diese heilsamen Worte von Gott in diesen Seiten zusammengetragen, damit man sie immer wieder lesen kann. Sie ermutigen mich immer wieder und erinnern mich an die kostbaren und innigen Zeiten mit meinem himmlischen Vater.

Als ich meine Sehnsucht zum Ausdruck gebracht, und aus meinem Herzen heraus zu ihm gerufen habe, habe ich gehört, wie er zu mir gesprochen hat. Tränen flossen oft auf das Papier, als ich die Worte schnell aufgeschrieben habe. Seine Liebe war einfach überwältigend.

Trotzdem habe ich mich immer wieder gefragt, Liebt Er mich wirklich so sehr? Lange brauchte die Bestätigung immer wieder.

Bewusst habe ich kein Datum zu jedem Eintrag hinzugefügt.

Diese Worte sind zeitlos und sie sind heute so frisch, wie an dem Tag, an dem ich sie zuerst bekommen habe.

Es ist mein innigstes Gebet, dass jeder, der diese Worte liest, die Fülle seiner Liebe zu spüren bekommt. Ich würde auch gerne sehen, dass dieses Buch zum Startschuss wird. Indem die Leser entweder selbst in das Buch schreiben, oder in ihr Tagebuch schreiben, was Gott zu ihnen spricht, damit es für sie und ihre Nachkommen erhalten bleibt.

Ich habe später passende Schriftstellen dazu gesucht. Ich möchte es ganz klar sagen, dass ich nicht glaube, dass die Worte, die Gott zu unserem Herzen spricht, jemals das geschriebene Wort in der Heiligen Schrift ersetzen. Wir müssen immer wieder zur Bibel zurückkommen als unsere Grundlage.

Manche Leser mögen vielleicht denken, ich hätte andere Seiten oder Aspekte von Gott ausgelassen und nur seine fürsorgliche Seite ins Blickfeld gerückt. Hat Er mich je korrigiert oder diszipliniert? Ja, das hat er gemacht. Und sogar des öfteren. Aber selbst unter seiner Erziehung habe ich immer seine Liebe gespürt. Seine Disziplin ist durch seine Liebe motiviert. So heißt es im *Hebräer 12,6 "Denn wen der Herr lieb hat, den erzieht er...."*

Lieber Leser, liebe Leserin, ich habe diese Worte aufgeschrieben, wie sie in mein Herz gekommen sind. Gott hat viel über seine Liebe zu mir gesprochen. Diese Sammlung ist nur ein kleiner Teil von Offenbarungen die Gott uns zeigen will wenn wir warten, mit einem Stift in der Hand, und auf ihn hören. Die Bibel sagt uns im
1 Korinther 13,9 "...unser Wissen ist Stückwerk, und unser prophetisches Reden ist Stückwerk."

Möge die Ermutigung, die von Gott kommt, dein Herz füllen, wann auch immer du dieses Buch öffnest. Wenn du die Liebe Gottes aufnimmst, dann nimmst du auch ihn auf. *1 Johannes 4,16 "...Gott ist die Liebe; und wer in der Liebe bleibt, der bleibt in Gott und Gott in ihm."*

Conny Hubbard

Gottes Flüssige Liebe

Im Alter von 28 Jahren, hat sich mein Leben radikal verändert. Ich hatte mein Herz Jesus gegeben und ihn als meinen Herrn und Erlöser angenommen. Damals erlebte ich zum ersten Mal die Liebe Gottes, die wie warmes Öl über meinen ganzen Körper floss. Ich hatte mich hingekniet, um zu beten und war dabei, mit meinem ganzen Herzen zu beten. Dann, auf einmal, spürte ich, wie etwas über meinem Kopf aufbrach und wie warmes Öl durch meinen ganzen Körper floss, innen und außen. Ich wusste, dass es die Liebe Gottes war. So real, so mächtig und so sanft, so versichernd und so stark!

Ich habe diesen Grad von Intensität nur einmal gespürt, aber ich werde es nie vergessen. Ich erinnere mich so deutlich an den Platz, wo ich gebetet hatte. Das Gefühl war unausprechlich wunderbar. Jede Zelle in meinem Körper und in meiner Seele war durchtränkt mit dieser himmlischen Flüssigkeit. Ich war mehr als erstaunt, erfahren zu dürfen, wie real und echt Gottes Liebe ist.

Ob wir diese Liebe spüren können oder nicht, diese wunderbare Liebe Gottes fließt immer auf uns zu.

Lieber Leser, liebe Leserin,

Ich bete dass du die Liebe Gottes spürst wenn du in diesem Buch liest. Lies langsam und erlaube dir selbst, seine Stimme zu hören wie er zu dir spricht, liebes Kind Gottes und denke daran…

…Du bist grenzenlos geliebt!

Conny Hubbard

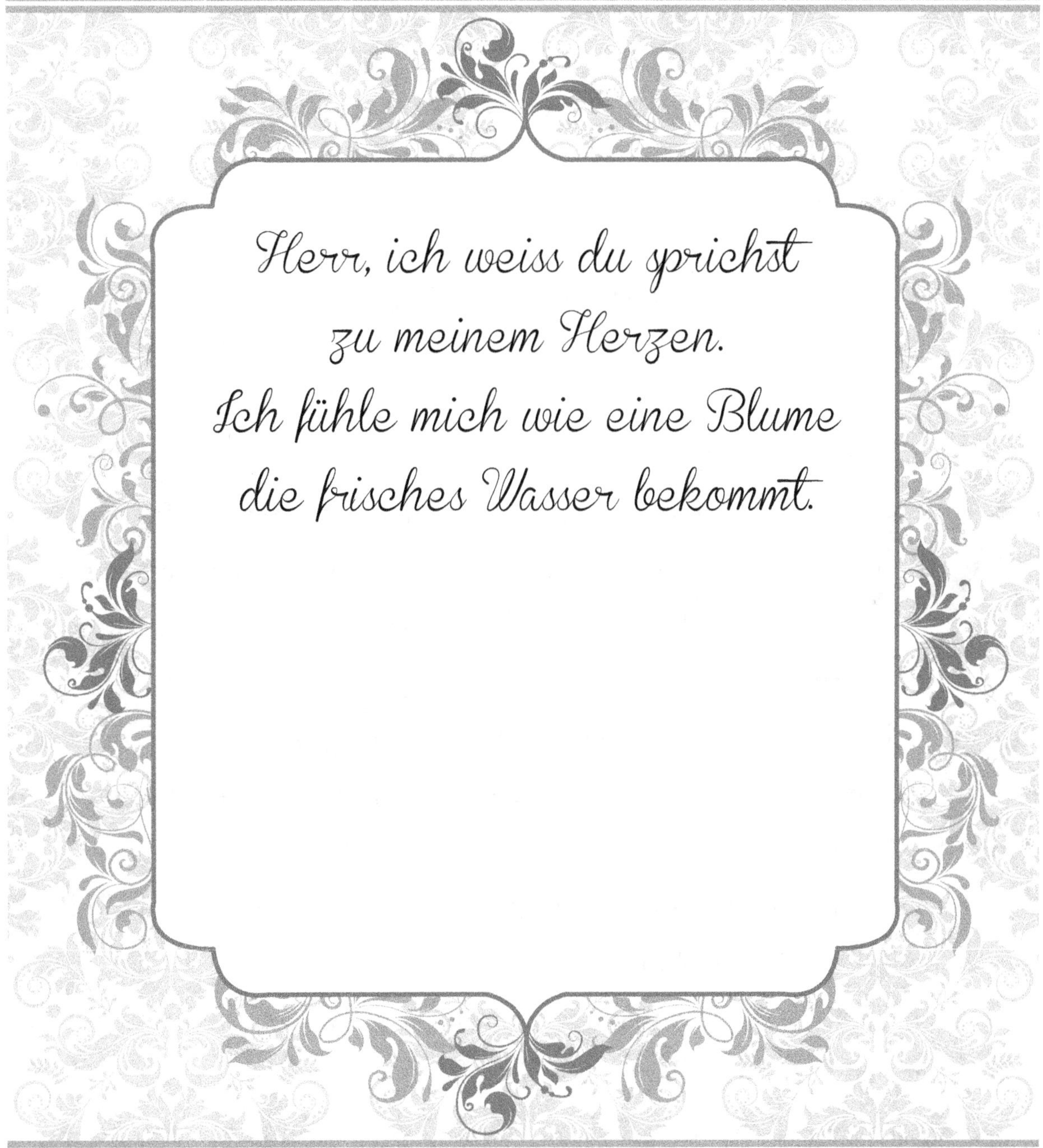

Herr, ich weiss du sprichst
zu meinem Herzen.
Ich fühle mich wie eine Blume
die frisches Wasser bekommt.

EWIGER BUND

Mein Kind, wieder und wieder habe ich dich in Situationen gebracht, in denen du zu niemandem kommen konntest, als nur zu mir. Ich bin dein Leben. Ich wache eifersüchtig über dir.

Die große Leidenschaft für dich und das Verlangen, das ich nach dir habe, möchte ich in dein Herz schreiben, damit du mir glaubst und es tief in deiner Seele weißt.

Ich weiß, dass du dich oft unwürdig gefühlt hast. Aber es ist mein Blut, das dich würdig gemacht hat.

König David hatte einen Bund mit Jonathan. Aufgrund dieses Bundes brachte er den Sohn Jonathans in seinen Palast.

Kind, erinnere dich daran, dass du einen ewigen Bund mit mir hast.

2. Samuel 9,1 Und David sprach:
Ist auch noch jemand übriggeblieben
von dem Hause Sauls, dass ich
Barmherzigkeit an ihm tue um
Jonathans willen?

2. Mose 19,5 Werdet ihr nun meiner
Stimme gehorchen und meinen Bund
halten, so sollt ihr mein Eigentum sein
vor allen Völkern; denn die ganze Erde
ist mein.

IM VERBORGENEN

Mein Kind, sei bereit, den Samen in die Erde fallen und sterben zu lassen. Sei bereit, dich von der Vorstellung zu lösen, wie das Ergebnis deiner Meinung nach aussehen soll. Ein Same wächst und kleine Pflänzchen entwickeln sich. Lass die Pflänzchen in Ruhe. In der Stille wachsen sie weiter zu einem starken Baum und der Baum wird seine Früchte tragen. Sei geduldig und schaue auf mich. Dein Vertrauen wächst und nimmt zu. Wandle im Bereich der unsichtbaren Welt.

Komm oft an den geheimen Ort, wo sich Liebende treffen. Dort wirst du meine Wege lernen. Sei nicht so eifrig, alles zu teilen, was du gelernt hast.

Lass die Leute um dich herum dein Leben beobachten, bis sie neugierig werden und wissen wollen, was dich verändert hat.

Menschen werden es merken, wenn du mit mir zusammen warst.

Du richtest noch zu viel Aufmerksamkeit darauf, was andere Menschen denken. Warum? Weil du Bestätigung von ihnen suchst. Empfange mehr von mir und du wirst weniger bei ihnen suchen.

Joh.12,24 Wahrlich, wahrlich, ich sage euch: Wenn das Weizenkorn nicht in die Erde fällt und erstirbt, bleibt es allein; wenn es aber erstirbt, bringt es viel Frucht. LUT

Matth. 23,5 Alles, was sie tun, tun sie nur, um von den Leuten gesehen zu werden. Sie tragen auffällig breite Gebetsriemen und besonders lange Quasten an ihren Kleidern.

SCHAU AUF MICH

Oh mein Kind, würdest du mir nur erlauben, dir alles zu sein,
was du brauchst!

Mich verlangt wirklich danach, dich mit meinem Segen zu
überschütten. Es macht mein Herz traurig, dich kämpfen zu sehen, wenn
ich die Antwort habe für all deine Nöte.

Wenn du nur mit all deinem Suchen aufhören würdest, einfach aufsehen
würdest zu mir und auf meine Hilfe vertrauen würdest!

Nimm dir einen Moment, um mich zu betrachten und schau auf meine
Fürsorge für dich. Nimm mir doch nicht die Freude daran, dich zu segnen.

Verwandle jeden furchtsamen Gedanken in ein Gebet, und erfahre, wie
daraus Leben vom Himmel her fließt. Engel werden herabsteigen, um die

Conny Hubbard

Segnungen zu bringen. Wieder und wieder werden sie aufsteigen und herabkommen. Bete nur.

Phil. 4,19 Gott, dem ich diene, wird euch alles geben, was ihr braucht, so gewiss er euch durch Jesus Christus am Reichtum seiner Herrlichkeit teilhaben lässt.

1. Mose 28,12 Und ihm träumte; und siehe, eine Leiter stand auf der Erde, die rührte mit der Spitze an den Himmel, und siehe, die Engel Gottes stiegen daran auf und nieder.

VERWEILE IN MEINER LIEBE

Mein Kind, mein liebes Kind, Ich liebe dich!

Wie ich dich anschaue, voller Zärtlichkeit. Ich sehe dein Herz. Erlaube es mir dich zu trösten. Lass mich dich halten. Du bist mir so kostbar. Du bist in meinem Palast.

So wie Esther für den König vorbereitet wurde, bereite ich dich vor und präge in dir dieselbe demütige Gesinnung, die in dieser meiner kostbaren Dienerin zu finden war.

Du bist jetzt schon meine Braut.

Danke, dass du nicht aufgegeben hast. Danke, dass du mir vertraut hast, auch dann, wenn du dich selbst dazu ermutigen musstest. Danke für dein treues Herz.

Conny Hubbard

Joh.15,4 Bleibt in mir und ich in euch.

Römer 8,38-39 Ich bin ganz sicher, dass nichts uns von seiner Liebe trennen kann: weder Tod noch Leben, weder Engel noch Dämonen noch andere gottfeindliche Mächte, weder Gegenwärtiges noch Zukünftiges, weder Himmel noch Hölle. Nichts in der ganzen Welt kann uns jemals trennen von der Liebe Gottes, die uns verbürgt ist in Jesus Christus, unserem Herrn.

REINIGENDES FEUER

Weil du dich selbst meiner Erziehung unterstellt hast, werde ich dir meine Heiligkeit offenbaren. Und du wirst die Furcht des Herrn kennen, welche der Anfang aller Weisheit ist.

Wenn du mich um Erziehung bittest, bittest du gleichzeitig um Kraft und Autorität. Nur denjenigen, die von mir erzogen werden, vertraue ich die Salbung an, die andere in Anbetung vor mir auf die Knie bringt.

Nur indem du dich vor mir demütigst, wirst du befähigt, in meiner Sicherheit anderen die Furcht des Herrn zu lehren.

Ich habe dein Verlangen nach meinem reinigenden Feuer gesehen. Ich sage dir, dass dieses Feuer ein Feuer der Liebe ist, in deinem Herzen und auch in den Herzen derer, die es ergreifen.

Conny Hubbard

Aber denen, die meinem Geist widerstehen, wird es ein Feuer des Gerichts werden.

Mal. 3,20 Euch aber, die ihr meinen Namen fürchtet, soll aufgehen die Sonne der Gerechtigkeit und Heil unter ihren Flügeln; und ihr sollt aus und eingehen und hüpfen wie die Mastkälber. LUT

ZUSICHERUNG MEINER LIEBE

Mein Kind, ich bin hier.

Meine Gegenwart umgibt dich. Meine Augen sind auf dir und mein Angesicht leuchtet über dir.

Du erfreust mein Herz, mein Schatz.

Ich reinige und erfrische dich. Empfange einfach all das, was ich für dich habe. Ich trage dich in meinem Herzen, mein Kind.

Du kannst mir immer nahe sein. Da gibt es nichts, was uns trennen kann.

Conny Hubbard

Psalm 31,22 Dank sei dir, Herr! Du hast mir deine Güte erwiesen; ein Wunder hast du an mir getan, als meine Feinde mich ringsum bedrängten.

Ich sehne mich danach, dich näher zu mir zu ziehen.

Du bist meine Braut. Meine Arme sind offen für dich.

Lass alles hinter dir, was dich hindert. Komm und folge mir. Komm und vertraue mir. Meine Liebe ist so leidenschaftlich und so tief. Erlaube dir selbst, meine Liebe in der Tiefe zu fühlen.

Lass dich nicht von anderen beunruhigen und erwarte keine Zeichen von anderen Menschen. Schau nur auf mich und ich werde dich leiten, mich noch tiefer und inniger zu kennen.

Fürchte dich nicht, was die Welt sagen wird. Es ist meine Liebe, zu der ich dich hinziehe. Ich bin die Antwort auf den Schrei deines Herzens.

Komm und lass es zu, dass ich dich tiefer an mein Herz führe. Hör auf die Stimme deines Herrn. Ich sehe das Verlangen in deinem Herzen, meine Tochter. Du suchst mein Herz. Ich sage dir, Tochter, ich führe dich in tiefere Gemeinschaft mit mir.

Niemand sonst kann dich in die innersten Bereiche meines Herzens führen. Nur ich kann das. Nur das offenbarte Wissen, das mein Geist dir gibt, kann dich hierhin bringen. Ich werde nicht zulassen, dass andere dich in die Irre führen.

Ich bin die ständige Heimat deiner Seele. Lass mich dich leiten. Du sagst, dass ich dein persönlicher Erretter bin.

Dir ganz persönlich gilt meine Errettung. Und auch dir ganz persönlich gehört die Gemeinschaft mit mir.

Matt. 4,19 Und er sprach zu ihnen: Folgt mir nach.

2. Petr. 2,2-3 Viele werden dem Beispiel ihres ausschweifenden Lebens folgen, und so wird ihretwegen die wahre Glaubenslehre in Verruf geraten. In ihrer Habgier werden sie euch mit erfundenen Geschichten einzufangen suchen. Aber ihre Bestrafung ist bei Gott schon seit langem beschlossene Sache; ihr Untergang wird nicht auf sich warten lassen.

PRÜFUNG UND WACHSTUM

Mein Kind, ich weiß, dass du nicht aufgeben wirst. Du hast gelernt, mir auch dann zu vertrauen, wenn es so aussieht, als ob ich dich verlassen hätte. Wenn du nur mein Herz fühlen könntest…Lass mich das in dir vollenden, was ich begonnen habe. Ich habe meine Diener schon immer geprüft. Durch diese Zeit der Prüfung hindurch wirst du stärker werden, wenn du standhaft bleibst und nicht den Mut verlierst.

Meine Tochter, ich kenne dein Verlangen, geradlinig zu gehen. Ich habe deine Anstrengungen gesehen.

Für alle, die mir dienen, ist eine tägliche stille Zeit mit mir nötig.

Laufe weiterhin den Lauf. Deine Belohnung wird groß sein. Ich kann

Conny Hubbard

nicht lügen, wie es ein Mensch könnte. Habe ich es dir nicht versprochen? Denkst du, ich werde es nicht tun?

Sei dir sicher, meine Gnade und mein Segen sind auf dir.

Sach.13,9 Und ich will den dritten Teil durchs Feuer führen und läutern, wie man Silber läutert, und prüfen, wie man Gold prüft. Die werden dann meinen Namen anrufen, und ich will sie erhören. Ich will sagen: Es ist mein Volk; und sie werden sagen HERR, mein Gott!

4. Mose 23,19 Du darfst nicht meinen, Gott sei wie ein Mensch! Er lügt nicht und er ändert niemals seinen Sinn. Denn alles, was er sagt, das tut er auch. Verspricht er etwas, hält er es gewiss.

EIN HERRLICHER WEG

Mein Kind, ich habe deine Gebete beantwortet. Ich habe dich auf einen himmlischen Weg gebracht. Du bist auf dem Weg, den ich für dich erwählt und geweiht habe und oh, es ist ein herrlicher Weg. Bitte vertraue mir. Würde ich dich betrügen? Würde der Bräutigam, der seine Braut liebt, würde er seine Liebste betrügen?

Eine Liebe, die gerne nachfolgt, auch wenn sie nicht weiß, wohin der Weg führen mag, das ist unendlich kostbar für mich. Ich hege das Vertrauen in meinen Kindern. Ich schaue mit großem Wohlgefallen auf dich, meine Tochter.

Ich sehe das Verlangen in deinem Herzen. Ich sehe deine Hilflosigkeit und deine Schwachheit. Lass dich von deiner Schwachheit zu mir führen.

Ich bin dein Schutz, der dich von allen Seiten umgibt. Ich habe dich auf den von mir gewählten Weg gebracht. Nichts kann dich davon abbringen. Ich liebe dich, mein Liebes.

Sei nicht enttäuscht. Du hast gedacht, ich wäre nicht genug oder hätte nicht genug oder würde dir nicht genug geben.

Dein Herz ist tief verwundet worden und das war ein langer Weg. Du warst oft müde und erschöpft. Aber du hast nicht aufgegeben, nicht einmal, wenn du dachtest, ich hätte dich verlassen.

Ich will, dass du noch mehr von meiner Liebe empfängst.

Warum klagst du dich selbst an, dass du noch nicht dort bist, wo du sein willst?

Du hast einen langen, langen Weg hinter dir. Ich habe das Verlangen deines Herzens gesehen.

Ich stehe nicht weit weg und beobachte aus der Entfernung, wie sich meine Kinder quälen. Ich bin sehr sehr nah, die ganze Zeit. Komm in meine liebenden Arme und sei sicher in meiner Gegenwart.

Jer. 6,16 Der Herr sagt: Ich habe mein Volk gemahnt: Haltet an auf dem Weg, den ihr geht; seht euch um und fragt, wie es euren Vorfahren ergangen ist! Dann wählt den richtigen Weg und folgt ihm, so wird euer Leben Erfüllung finden!

Psalm 119,151 Du aber, HERR, du bist ganz nah bei mir; was du befiehlst, ist wahr und zuverlässig.

Conny Hubbard

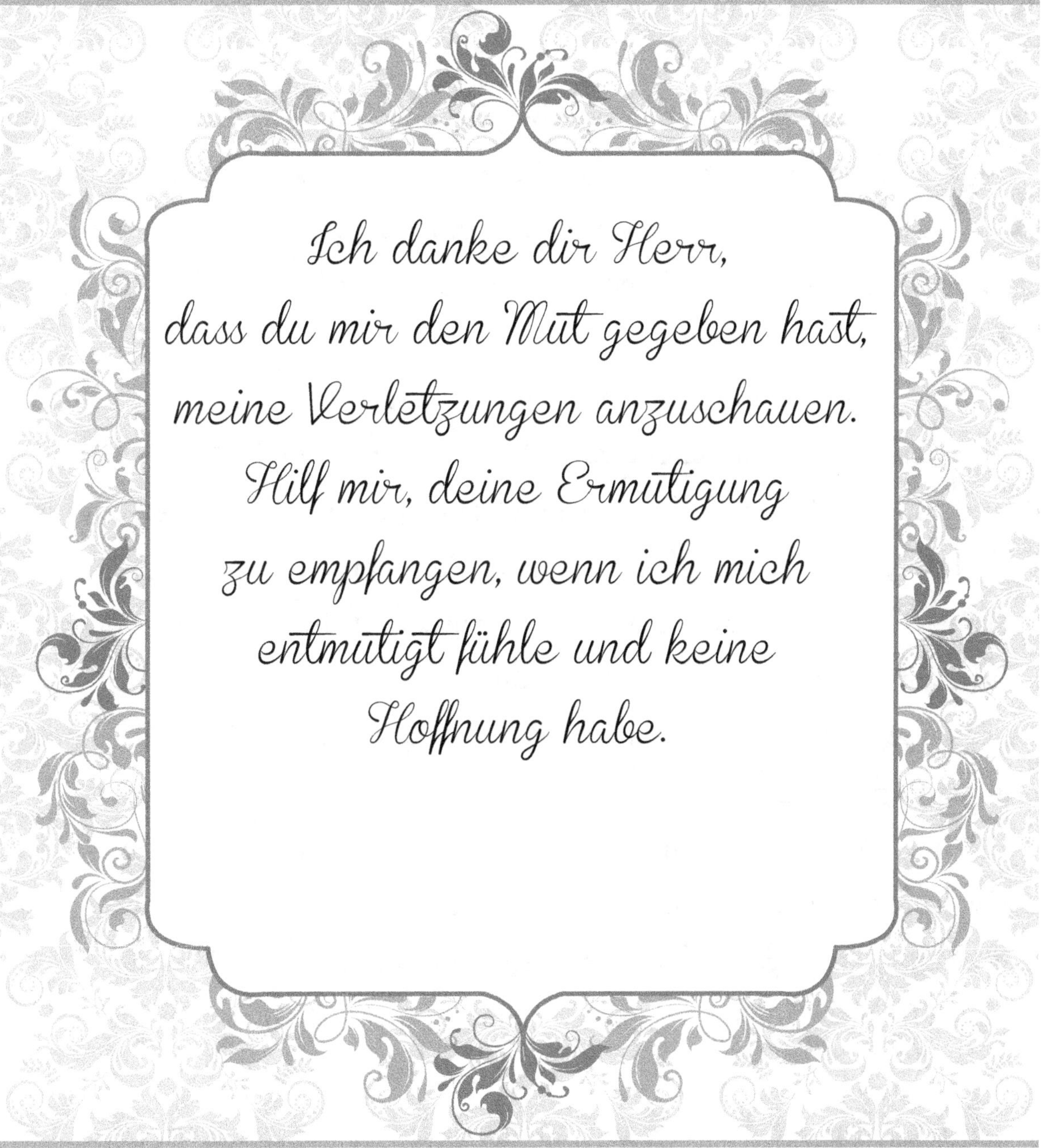
Ich danke dir Herr,
dass du mir den Mut gegeben hast,
meine Verletzungen anzuschauen.
Hilf mir, deine Ermutigung
zu empfangen, wenn ich mich
entmutigt fühle und keine
Hoffnung habe.

VERTRAUE MIR

Kind, du bist auf der richtigen Spur, ob du es fühlst oder nicht. Ich wache über dir mit großer Aufmerksamkeit und Zärtlichkeit. Ich erlaube dem Bösen nicht, auf einem meiner Kinder herum zu trampeln, die ich erkauft habe mit dem Blut das mein Sohn am Kreuz vergossen hat.

Ich vertiefe deinen Glauben in einer Weise, die es dir möglich macht, mir in der dunkelsten Nacht zu vertrauen, denn dunkle Nächte werden über diese Erde kommen. Und viele, viele meiner Kinder werden ein Licht brauchen, das ihnen hilft, die Dunkelheit zu überwinden.

Eine Bedrückung, die vom Feind kommt, geht über die Erde, doch zur selben Zeit wird mein Geist überströmen.

Die Gegenseite wird schnell aufstehen und mein Volk wird versucht und geprüft werden.

Deine Wurzeln werden tief gegründet sein. Sogar jetzt wachsen sie tiefer. Fang an, die Glaubensschritte zu üben im Angesicht der Bedrückung. Geh weiter, auch wenn du den Aufstand der Gegenseite siehst.

Zweifle nie, niemals an meiner Liebe für dich. Du bist mein. Höre auf mich.

Wenn du meine Stimme nicht hören kannst, vertraue mir. Wenn du mich nicht sehen kannst, vertraue mir weiter.

Dein Vertrauen in mich ist dein Schutz. Im Stillsein und Vertrauen findest du meine Stärke.

Vertrauen ist das Fenster in die Freiheit.

Vertraue meiner Liebe. Vertraue meinem Wort. Vertraue meinem Plan.

Jes. 42,6 Ich der HERR habe dich gerufen in Gerechtigkeit und habe dich bei deiner Hand gefasst und habe dich behütet und habe dich zum Bund unter das Volk gegeben, zum Licht der Heide. LUT

Jes. 30,15 Denn so spricht der Herr, HERR, der Heilige in Israel: Wenn ihr umkehrtet und stillebliebet, so würde euch geholfen; durch Stille sein und Hoffen würdet ihr stark sein. LUT

GEH VORWÄRTS

ein Kind, ich erhebe dich. Ich bin mit dir. Fürchte dich nicht, herauszutreten und vorwärts zu gehen. Es ist soweit, dass ich dich jetzt in die nächste Ebene bringe, die ich für dich vorbereitet habe.

Ich werde größere Autorität in deinem Leben freisetzen. Die Kühnheit ist schon spürbar. Ich habe dich bis jetzt verborgen gehalten. Die Zeit der Vorbereitung war nötig.

Sei bereit, meine Braut, für mein Kommen. Mein Herz sehnt sich nach tieferer Gemeinschaft mit dir. Ich habe dir versprochen, dir an dem Ort der wahren Anbetung zu begegnen. Ich bin dein engster Freund. Ich kenne die tiefsten Bedürfnisse deines Herzens. Niemals, niemals werde ich fortgehen. Ich werde dich immer halten und dir nahe sein.

Du bist mein kostbarer Edelstein. Ich werde dich lehren, wie du mir begegnen kannst in Vollkommenheit. Es wird geschehen. Ich werde dich lehren. Zu meiner Zeit werde ich dich lehren. Folge mir, verweile in mir. Wo ich bin, sollst du auch sein.

Joh.15,5 *Ich bin der Weinstock, ihr seid die Reben. Wer in mir bleibt und ich in ihm, der bringt viel Frucht, denn ohne mich könnt ihr nichts tun.* LUT

Joh. 14,3 *Und wenn ich hingehe, euch die Stätte zu bereiten, so will ich wiederkommen und euch zu mir nehmen, damit ihr seid wo ich bin.* LUT

GÖTTLICHE SAAT

Während den Zeiten der Gemeinschaft mit mir werde ich dich mit göttlichem Leben durchdringen, mit göttlichem Samen.

Als Folge der Fürbitte werde ich in den Zeiten der Intimität das hervorbringen, was ich in deinen geistlichen Mutterleib eingepflanzt habe.

Achte darauf, dass du dich zum Gebet zurückziehst. Höre darauf, wann der Heilige Geist dich bewegt, Zeiten der Intimität mit mir zu verbringen.

So wie eine Frau, nachdem sie empfangen hat, anfängt zu spüren, wie sich das neue Leben in ihr regt, so gewiss wird auch mein Geist sich regen und bewegen.

Sei erwartungsvoll. Betrachte die Verbindung zwischen dem

Conny Hubbard

Gehaltensein in meinen liebenden Armen und in der Fürbitte das zu entbinden, was in dich gepflanzt wurde.

Jes. 66,7-9 Hat man es schon erlebt, dass ein Kind geboren wurde, bevor die Mutter in Wehen kam? Hat man erlebt, dass ein Volk auf einen Schlag geboren, dass ein menschenleeres Land an einem Tag bevölkert wurde? Genau das wird geschehen: Die Mutter Zion wird Kinder bekommen, noch ehe sie etwas davon merkt. Meint ihr, ich, der HERR, werde etwas anfangen und nicht zu Ende führen? Werde ich die Geburt einleiten und das Kind dann stecken lassen, ich, euer Gott?

Joh.3,6 Was vom Fleisch geboren wird, das ist Fleisch; und was vom Geist geboren wird, das ist Geist.

DU BIST MEIN

Mein Kind, schau, ich habe dich dazu bestimmt, bei mir zu sein. Ich habe dich bei deinem Namen gerufen. Kind, du gehörst mir.

Ich habe das tiefe Verlangen nach Begleitung und enger Freundschaft in deinem Herzen gesehen.

Willst du dieses Verlangen in meine Hände legen und mir vertrauen? Ich bin der Eine, der dir den Segen meiner Gegenwart und Freundschaft geben will, der deine ganze, tiefste Sehnsucht erfüllt.

Das tiefste Verlangen des menschlichen Herzens kann nicht gefüllt werden mit menschlicher Freundschaft. Dies kann nur dein himmlischer Vater erfüllen.

Ich habe dich geschaffen mit der Fähigkeit, meine Liebe zu empfangen.

Der Feind hat versucht, dir wieder und wieder seine Fälschungen anzubieten, aber er wird damit keinen Erfolg haben.

Conny Hubbard

Ich segne dich mit meiner Gegenwart. Ich habe noch so viel für dich.

Ich liebe dich mit mehr Leidenschaft und Zärtlichkeit, als du es dir jemals vorstellen kannst.

Erlaube mir, dich zu halten, zu trösten, dein bester Freund zu sein: ein Freund, der dir näher ist als ein Bruder.

Jes. 43,1 Und nun spricht der HERR, der dich geschaffen hat, Jakob, und dich gemacht hat, Israel: Fürchte dich nicht, denn ich habe dich erlöst; ich habe dich bei deinem Namen gerufen; du bist mein! LUT

Spr. 18,24 aber ein echter Freund hält fester zu dir als ein Bruder.

GEH WEITER

Du bist meine Braut, meine Liebe. Du hast nie aufgehört, meine Braut zu sein. Ich habe die Liebe und Hingabe deiner Jugend nicht vergessen. Die Geschenke, die du mir dargebracht hast, sind mir immer vor Augen. Der süße Lobpreis aus deinem Mund ist festgehalten im Himmel.

Ich habe es nicht vergessen.

Die Schätze deines Herzens haben Ewigkeitswert.

Geh weiter auf dem Weg, den ich für dich geplant habe. Weiche nicht davon ab und lass dich nicht von Menschen betrügen. Du weißt, was zählt und was Leben bringt.

Du bist durch einige Tests erfolgreich hindurchgegangen. Dadurch hat sich eine Stärke in dir entwickelt, die sogar dich selbst erstaunt. Wirklich, du bist zu einer erstaunlichen Persönlichkeit geworden.

Jer.2,2 Geh und verkünde vor allen Leuten in Jerusalem: So spricht der Herr: Ich erinnere mich, Israel, wie vertrauensvoll du mir zugetan warst in deiner Jugend, wie du mich liebtest in deiner Brautzeit. Du bist mir gefolgt in der Wüste, im Land, wo nichts wächst.

Psalm 44,19 Unser Herz ist nicht abgefallen noch unser Gang gewichen von deinem Weg. LUT

TRINKE VON MEINER LIEBE

Mein Schatz, meine Pläne für dich haben sich nicht geändert. Ich bin beständig und unwandelbar. Meine Gedanken über dich sind verlässlich. Erlaube mir, die tiefen Ebenen deines Herzens mit meiner Liebe zu berühren. Trinke von meiner Liebe, wie ein Baby von seiner Mutter trinkt. Ein Strom göttlicher Liebe fließt allezeit zu dir.

Komm jederzeit und bade in meiner Liebe. Komm und verweile darin. Komm und trinke allezeit meine Liebe für dich. Sie ist immer da. Immer beständig und immer sicher. Lass es zu, dass meine Liebe dich bewegt und dein Herz berührt. Erlaube es dir selbst, auf meine Liebe zu reagieren. Bleibe standhaft in dem, wozu ich dich berufen habe. Du hast einen Schatz

Conny Hubbard

in dir.

Behüte diesen Schatz, denn ich möchte, dass die Menschen mit denen ich dich in Verbindung bringe, daran teilhaben.

1. Joh. 4,16 Und wir haben erkannt und geglaubt die Liebe, die Gott zu uns hat. Gott ist die Liebe; und wer in der Liebe bleibt, der bleibt in Gott und Gott in ihm. LUT

2. Tim. 1,14 Dieses Kostbare Gut, dad dir avertraut ist, bewahre durch den Heiligen Geisti der in uns wohnt. LUT

GIB MIR DEINE ENTTÄUSCHUNG

Mein Liebstes, lass dein Herz von meinem Trost ausfüllen. Ich sage dir heute: "Mein Trost ist hier, gerade jetzt".

Ich sehe deine Enttäuschung und deine Angst, zu vertrauen, um dann wieder im Stich gelassen zu werden. Oft hast du gedacht und gefühlt, es gäbe keinen Platz für dich. Bring mir diese Trauer, diesen Schmerz. Ich weise dich nicht zurück. Du zögerst, mir davon zu erzählen. Du denkst, du solltest dankbar sein und auf all das schauen, was ich für dich getan habe.

Öffne mir einfach dein verwundetes Herz und gib mir die tiefe Enttäuschung, die dort ist. Komm und lass mich dein Herz mit meinem Trost berühren. Es tut mir leid, dass du so viel Schmerz gefühlt hast. Es war ein harter Weg, den du gegangen bist. Oft warst du nahe daran, aufzugeben, aber du hast es nie getan!

Mein Kind, ich nehme deinen Schmerz nicht leicht. Ich wische ihn nicht hinweg. Ich sage niemals: "So solltest du nicht fühlen". Ich nehme deine Sorgen ernst, die so schwer auf deiner Seele liegen. Ich sehe die tiefe, tiefe Sehnsucht in deinem Herzen. Ich sehe die Unzufriedenheit und Enttäuschungen durch andere, mit dir selbst und sogar mit mir. Sei ganz gewiss: Sogar das Gefühl, von mir enttäuscht zu sein, darfst du mir bringen und findest bei mir Annahme.

Vertraust du mir genug, um mir zu sagen, wo ich dich im Stich gelassen habe und wie enttäuscht du wirklich bist?

 Conny Hubbard

Du hast Angst, du könntest undankbar scheinen, aber ich möchte dir versichern, dass du mir wirklich alles sagen kannst. Es wird in keinster Weise unsere Beziehung negativ beeinflussen. Es ist aber tatsächlich so, dass du mir alles erzählen musst, um diesen Ängsten ins Gesicht zu sehen. Nachdem du dich den Ängsten gestellt hast, wirst du sehen, dass es dich sogar näher zu mir bringt. Ich kenne all die Situationen, in denen Menschen dich verachtet und sich über dich lustig gemacht haben. Ich will alle diese Wunden heilen.

Stelle mich damit auf die Probe, meine Tochter. Ich liebe dich!

Jes. 49,23 Da wirst du erfahren, dass ich der HERR bin, an welchem nicht zu Schanden werden, die auf mich harren. LUT

IN DEINER SCHWACHHEIT BIN ICH STARK

Mein Liebes, habe ich dich jemals beschuldigt, du hättest es falsch gemacht, wenn du deine Wunden zu mir gebracht hast? Habe ich dich jemals abgewiesen? Habe ich dir jemals meine Liebe und meinen Trost versagt? Ich habe dir immer gern gedient. Warum denkst du, dass es sich verändert hat? Du bist jetzt ein großes Mädchen. Heißt das, du bist zu alt für Tränen? Ist es das, was du dir selbst sagst: "Ich bin jetzt ein großes Mädchen. Ich muss stark und mutig sein." Und du siehst nicht, wie es mich schmerzt, wenn du deine Tränen zurückhältst. Werde ich dir meinen Trost verweigern? Nein, niemals! Mein Herz ist immer bewegt und bereit, zu handeln.

Denke nicht falsch über mich. Ich habe dich nicht vergessen. Gib mir deine Lasten und Mühen. In der gleichen Weise, wie dein Herz sich nach Vertrautheit und Nähe sehnt, sehne ich mich nach inniger Gemeinschaft mir dir.

Du, deine Bürden, deine Gebete und deine Tränen sind keine Begrenzung für mich.

Mein Liebes, du wirst niemals aus deinem Bedürfnis nach Trost und Liebe hinauswachsen.

Du wirst niemals der Notwendigkeit entwachsen, deine Lasten zu

Conny Hubbard

meinen Füßen niederzulegen. Im Gegenzug werde ich dir gerne deine Wunden verbinden.

Wenn du Stärke in mir finden willst, musst du dir selbst erlauben, in meinen Armen schwach zu sein.

Komm als ein vertrauendes, auf mich angewiesenes Kind.

In meiner Gegenwart wirst du meine Stärke finden, meine Liebe und meinen Trost. Komm, mein Liebes, komm.

∾

Jes. 40,1 Tröstet, tröstet mein Volk! spricht euer Gott.

Psalm 147,3 Er heilt, die zerbrochenen Herzens sind, und verbindet ihre Wunden.

Jes. 40,29 Er gibt den Müden Kraft, und Stärke genug dem Unvermögenden.

KIND DES LICHTS

ein Kind, ich kenne und verstehe deine Kämpfe. Ich weiß, wie schwer es für dich war. Ja, ich könnte all die Schwierigkeiten wegwischen mit einer Handbewegung. Aber was würdest du gewinnen?

Das Leben auf dieser Erde ist ein Kampf zwischen Dunkelheit und Licht.

Meine Kinder sind gerufen, Kinder des Lichts zu sein. Sie sind gerufen, die Dunkelheit zu überwinden.

Glaube an meine Bestimmung für dich. Tu jeden Tag das, was ich dir zeige. Vertraue mir, dass ich dich zur Erfüllung des Planes bringe, den ich für dich habe.

Ruhe dich aus in meiner Liebe und Fürsorge für dich, Kind.

Ich werde dir auf dem ganzen Weg Führung und Richtung geben.

Du wirst es schaffen.

Labe dich an meinem Tisch und iss von meinem Brot.

Nicht in bestimmten Ritualen, sondern in lebendiger Gemeinschaft und Austausch mit mir wirst du Befreiung erfahren und den Sieg erringen. In meiner Gegenwart wirst du Leitung, Frieden und Stärke finden.

Die Erntezeit wird kommen. Sei einfach mein Kind des Lichts. Lebe im Licht meiner Liebe.

Eph. 5,8 Auch ihr gehörtet einst zur Finsternis, ja, ihr wart selbst Finsternis, aber jetzt seid ihr Licht, weil ihr mit dem Herrn verbunden seid.

Spr. 4,11 Ich will dich den Weg der Weisheit führen; ich will dich auf rechter Bahn leiten.

EIN ANKER FÜR DEINEN GLAUBEN

Mein geliebtes Kind, ich schaue auf dich mit Wohlgefallen. Schau, wie weit du schon aufgestiegen bist auf diesem steilen Weg. Du warst mutig und hast nicht aufgegeben. Ich freue mich an deinem Fortschritt. Meine Arme sind ausgestreckt zu dir, um dir wieder Ruhe zu geben. Komm, renn in meine Arme. Ich liebe dich.

Ich will dir geben, was dein Herz begehrt. Du hast mein Herz berührt und ich kenne dich so gut. Ich habe dich so gern in meiner Nähe. Ich möchte dich ermutigen. Mein Lächeln der Freude und des Wohlgefallens ist auf dir.

Und doch hast du immer noch Angst, von mir abgelehnt zu werden. Du bist unsicher, weil du nicht wirklich weißt, was ich tun werde.

Mein Kind, ich reagiere nicht auf deine falschen Überzeugungen in deinem Herzen. Ganz egal, bring mir diese Befürchtungen. Das sind Lasten, die du heute ablegen darfst. Egal, was passiert, in dem Moment, wo du zu mir kommst, wirst du gereinigt und voller Schönheit und Herrlichkeit sein. Ich sehe mein Spiegelbild in dir und mein Herz schmilzt aus Liebe zur dir. Ich möchte dich in meinen Armen halten und dich nahe an meinem Herzen haben.

Ich segne dich. Ich gebe dir Freude. Ich setze mein Wohlgefallen frei. Mein Kind, wie kannst du noch zweifeln?

Wie ich zu Thomas gesagt habe, er soll seine Hände in meine Wunden legen, so sage ich zu dir: "Lege deine Hände in meine Wunden. In meinen Wunden findest du einen Anker für deinen Glauben, wenn die Zweifel dich befallen."

Ich fülle dein Herz mit Gutem und mit Ermutigung. Ich fülle all

Conny Hubbard

deinen Mangel und stille deinen Hunger. Du wirst meine Güte sehen. Komm tiefer in den Ozean meiner Liebe.

Meine Augen gehen über die Erde und suchen den Menschen, in dem ich mich verherrlichen kann.

Ich sehne mich danach, mich meinen Kindern zu offenbaren. Ich möchte meine Liebe durch dich zeigen.

Sei voller Freude, tanze und juble! Ich bin dein Vater!

Ich bin dein Herr und Erretter und ich liebe dich!

Luk. 24,39 Schaut mich doch an, meine Hände, meine Füße, dann erkennt ihr, dass ich es wirklich bin! Fasst mich an und überzeugt euch; ein Geist hat doch nicht Fleisch und Knochen wie ich.

2. Chr.16,9 Der Herr behält die ganze Erde im Auge, damit er denen beistehen kann, die ihm mit ungeteiltem Herzen vertrauen.

ICH BIN DEIN BRÄUTIGAM

Ja, ich liebe dich mit einer Leidenschaft, die du noch nicht kennst oder verstehst. Es ist meine Liebe für dich, empfangen in deinem Herzen, die dich dazu bringt, hervor zu sprossen, zu wachsen, zu reifen und zur Fülle zu kommen.

Ich bin all das Verlangen deiner Seele. Sei kühn. Springe in das Meer meiner Liebe. Lass mich dir sanfte und süße Worte in dein Herz flüstern.

Wirst du mir zuhören oder mich wegschieben? Ich warte voll Verlangen auf dich. Ich vermisse dich, wenn du dir nicht die Zeit nimmst, auf meine Worte zu hören. Es schmerzt mich, wenn du meine Liebe beiseite schiebst.

Ich möchte der Geliebte deiner Seele sein. Willst du mich als solchen annehmen?

 Conny Hubbard

Wenn ich dir ins Ohr flüstere, wie sehr ich dich liebe, wirst du meine Liebe empfangen oder wegschieben?

Oh, wie sehr ich mich danach sehne, dein Geliebter zu sein, dein Bräutigam.

Religiöse Menschen sind keine Liebenden. So viele stecken in ihrer Orientierung auf Leistung fest.

Was ich suche, ist eine Geliebte. Eine Braut, nicht eine Sklavin. Du hast so oft schon mein Herz erfrischt und erfreut, meine Liebste.

Komm in meine Arme. Ich liebe dich und segne dich.

1. Joh. 3,1 Seht, welch eine Liebe hat uns der Vater erwiesen, dass wir Gottes Kinder heißen sollen! LUT

DER MORGEN WIRD KOMMEN

Mein kleines Schäfchen, warum fürchtest du dich?

Schau, ich bin doch da. Der Hirte deiner Seele.

Ich weiß sehr wohl um deine Kämpfe und wie sehr du meine Nähe spüren möchtest.

Da in der Dunkelheit, wo man nichts sehen kann, vertraue mir und meiner Gegenwart in deinem Leben. Das Licht wird wieder scheinen. Der Morgen wird wieder kommen.

Ich stärke deinen Glauben und dein Vertrauen in diesen Zeiten, wo du meine Nähe nicht fühlen kannst.

Du darfst wissen, dass ich immer mit dir bin.

 Conny Hubbard

Hebr. 13,5 Denn er hat gesagt: Niemals werde ich dir meine Hilfe entziehen, nie dich im Stich lassen.

ICH BIN DEIN VATER

Mein Kind, ich bin dein Vater, der dich liebt. Ich ziehe dich näher zu mir. Dein Herz sucht mein Herz und meine Liebe. Erlaube mir, dein Herz zu berühren mit meiner Liebe. Erlaube mir, deine Trockenheit zu bewässern. Erlaube mir, ein neues Bild von mir in dein Herz zu malen.

Ich bin kein distanzierter, weit entfernter Vater. Ich bin dir nahe, sorge immer für dich.

Es ist dir schwergefallen, meine Vaterliebe zu empfangen, mein Kind. Du sehnst dich nach mehr Vertrautheit.

Mein Liebstes, ruhe in meiner Liebe. Du musst nicht so hart daran arbeiten, das zu verstehen. Ich gebe dir Einsicht und Verständnis. Du brauchst nur zu fragen.

In der Vergangenheit hast du gemeint, du müsstest mich unter Tränen betteln, damit ich mich bewege.

Da hast du mich noch nicht so gut gekannt, wie du mich jetzt kennst. Ich gebe dir meinen Segen als dein Vater.

Mein Segen ruht auf dir, mein Kind. Mein Segen öffnet Türen. Mein Segen bringt alles, was du brauchst.

Conny Hubbard

Ich nehme die Furcht aus deinem Herzen.

Wage es, zu glauben.

Wage es, dich auszustrecken.

Wage es, vorwärts zu gehen.

Gib mir diesen versteckten Platz in deinem Herzen, den du bis jetzt noch zurückhältst.

Ich möchte mich dir noch mehr offenbaren. Bis jetzt hättest du es noch nicht ertragen können.

Bitte mich, um was du willst. Sag es mir. Dann warte und schau, was ich für dich tun werde.

1. Petr. 3,9 Gott hat euch dazu berufen, seinen Segen zu empfangen.

Joh. 14,14 Was ihr bitten werdet in meinem Namen, das will ich tun.

ICH BIN DEIN SCHUTZ

Lebe in Einfachheit vor mir. Lebe einfach in Liebe und Hingabe zu mir.

Ich habe meine Liebe als Zeichen über dir gesetzt.

Du bist kostbar in meinen Augen.

Ich habe dich sensibel, zerbrechlich und zart gemacht. Sei nicht so dumm, zu denken, das wäre Schwäche. Überhaupt nicht!

Wie David sagte: "Deine Sanftmütigkeit hat mich groß gemacht".

So wurde meine Macht und Kraft durch diejenigen offenbart, die ihre harten Schalen von Selbstschutz und Widerstandsfähigkeit abgelegt haben und stattdessen die in ihnen wohnende Sanftheit und Zerbrechlichkeit offenbaren.

Mein Schutz ist wie ein unsichtbares Schild um dich herum. Du bist mein Augapfel.

Ich bin dein Schutz und Schild.

Wer es wagt, dich anzutasten, bekommt es mit mir zu tun!

Psalm 18,35-36 Er lehrt meine Hand streiten und lehrt meinen Arm einen ehernen Bogen spannen. Du gibst mir den Schild deines Heils, und deine Rechte stärkt mich; und wenn du mich demütigst, machst du mich groß. LUT

WEITER SO

Sei ermutigt, mein Kind, denn ich wirke im Unsichtbaren und bereite die Menschen um dich herum zu, so wie ich auch dich zubereite.

Während du meine Treue verkündest und mein Wort proklamierst, offenbare ich meine Gegenwart bei dir.

Lass es nicht zu, dass dich irgendetwas daran hindert, weiterzugehen.

Du weißt, wie man sich durchkämpft und weitergeht.

Weiter so!

Conny Hubbard

Phil. 3,14 Ich halte geradewegs auf
das Ziel zu, um den Siegespreis zu
gewinnen. Dieser Preis ist das ewige
Leben, zu dem Gott mich durch Jesus
Christus berufen hat.

SCHAU ZU MIR

Reagiere nicht auf Gefühle, die vage und undefinierbar sind. Ignoriere sie und geh weiter im Glauben und nicht im Schauen. Bleibe stark im Glauben und halte ihn fest.

Schau zu mir. Glaube nicht den Lügen, die die Welt über mich erzählt. Ich bin für dich, nicht gegen dich. Ich gebe dir, was du brauchst. Bleibe beständig an mir, richte deine Augen auf mich und schaue vorwärts, nicht um dich herum oder zurück.

Ich habe große Dinge für dich und du hast noch nicht einmal angefangen, etwas zu sehen.

Der Feind wollte dich entmutigen, aber er ist ein besiegter Gegner, und gerade bist du dabei, Land zurückzuerobern. Und du vertraust mir.

Conny Hubbard

Unterhalte keine zweifelhaften Gedanken. Folge den Eingebungen meines Geistes in den kleinen und scheinbar unwichtigen Dingen.

Ich wirke hinter den Kulissen und bereite die Bühne für meinen Auftritt!

2. Kor. 4,16-18 Darum verliere ich nicht den Mut. Die Lebenskräfte, die ich von Natur aus habe, werden aufgerieben; aber das Leben, das Gott mir schenkt, erneuert sich jeden Tag. Die Leiden, die ich jetzt ertragen muss, wiegen nicht schwer und gehen vorüber. Sie werden mir eine Herrlichkeit bringen, die alle Vorstellungen übersteigt und kein Ende hat. Ich baue nicht auf das Sichtbare, sondern auf das, was jetzt noch niemand sehen kann. Denn was wir jetzt sehen, besteht nur eine gewisse Zeit. Das Unsichtbare aber bleibt ewig bestehen.

GELIEBTE TOCHTER

Du bist meine über alles geliebte Tochter. Lass mich dich umarmen, mein Kind. Lass mich dich halten und dein wundes Herz berühren. Ich küsse deine Tränen weg.

Mein Liebstes, ich bin mit dir. Meine Gnade ist über dir.

Du fürchtest dich und möchtest dich verstecken.

Komm und verstecke dich unter dem Schatten meiner Flügel.

Du hattest Teiche von Tränen in deinem Herzen. Viele Bereiche sind trocken gelegt und sind nicht mehr länger Sumpfland. Dort hast du einen soliden Grund unter deinen Füßen.

Lass mich dir nahe sein, mein Liebes. Lass mich durch dein Haar streichen und deine Wangen küssen. Öffne dein Herz—dein kindliches

Conny Hubbard

Herz—und gib mir deine Fragen, sogar die, die du nicht fragen kannst.

Halte einfach jeden Gedanken und jede Situation vor mich hin. Ich weiß und ich kümmere mich darum.

Lass sie mir und vertraue mir. Ich liebe dich.

Psalm 91,4 Er breitet seine Flügel über dich, ganz nahe bei ihm bist du geborgen. Wie Schild und Schutzwall deckt dich seine Treue.

BELOHNUNGEN

Ich weiß, oft bist du über dich selbst enttäuscht.

Du möchtest mir gefallen. Du trachtest danach, mir deine guten Taten zu zeigen. Du möchtest mir etwas zeigen, wofür ich dich belohnen kann.

Mein Liebes, ich reagiere auf Glauben, nicht auf Manipulation. Du möchtest, dass ich durch dich große und mächtige Dinge tue. Du quälst und sorgst dich, ob deine Bemühungen genug sind. Du sehnst dich danach, positive Aufmerksamkeit von mir zu bekommen.

Und doch erlaubst du dir selbst nicht, zu vertrauen und zu glauben, dass du dies alles empfängst, aufgrund meiner Liebe.

Irgendwie denkst du immer noch, du musst es dir verdienen.
Ich mache dich darauf aufmerksam, mein Kind, auch wenn dich das traurig macht, oder du noch mehr enttäuscht wirst.

Du missverstehst sehr leicht meinen Tadel oder eine Zurechtweisung.

In meiner Liebe für dich habe ich mich zurückgehalten, um dich nicht weiter wegzutreiben.

Ich leite dich und ich zeige dir die Wahrheit.

Du hast immer noch Angst, mich zu verlieren, wenn du mir zu nahe kommst. Hast du vielleicht jemanden verloren, nachdem du ihm zu nahe gekommen bist?

Du hast gelernt, dein Herz zu verschließen und ein braves Mädchen zu sein.

Das ist dir gut gelungen, doch innerlich hat dein Herz geblutet.

Du bist nicht in der Lage, dir selbst da heraus zu helfen.

Mein Kind, es gibt nichts, was du tun könntest, um meine Liebe zu vermindern. Ich habe das Werk in dir begonnen und ich werde beenden, was ich angefangen habe.

Du hast mich gebeten und ich habe deinen Schrei gehört. Lass es mich einfach für dich machen. Lass mich alles für dich sein. Die Luft, die du atmest, der Sonnenschein, der dich morgens wachküsst und der Mond, der dich vorm Einschlafen küsst, die Regentropfen, die um dich herum tanzen.

Trete in diese Verbindung mit mir, in einen Tanz des Lebens, eine Dimension, von der du bis jetzt nur geträumt hast.

Komm mit mir, meine Liebste.

Phil.1,6 Ich bin ganz sicher: Gott wird das gute Werk, das er bei euch angefangen hat, auch vollenden bis zu dem Tag, an dem Jesus Christus kommt.

Hld. 2,10 Mein Freund antwortet und spricht zu mir: Stehe auf, meine Freundin, meine Schöne, und komm her!

KOMM ZU MIR

Mein Schatz, du tust gut daran, dir oft Zeit zu nehmen, um mit mir zusammen zu sein. Es ist mir eine Herzensfreude, zu sehen, wie sich meine Kinder nach mir sehnen. Ich bin mit dir. Ruh dich aus. Vertrau mir. Sei ganz ruhig.

Ich werde dir geben, was du brauchst. Ich werde dich anrühren und aufwecken. Höre weiter auf meine Weisheit.

Denen, die mich suchen, werde ich sogar Frieden mit ihren Feinden schenken.

Mein Kind, lass mich dich mit meinen Worten nähren. Empfange meine Liebe.

Conny Hubbard

Spr. 16,7 Wenn jemandes Wege dem HERRN wohl gefallen, so macht er auch seine Feinde mit ihm zufrieden. LUT

SEI DU SELBST

Höre den Schrei meines Herzens. Fühle die Leidenschaft in meinem Herzen. Ich bin das Tosen im Meer, im Wind und den Wellen, die unaufhörlich gegen die Felsen schlagen.

Ich bin der Rufer in der Wüste—zu den kalten, leblosen, stahlharten, sich verweigernden Herzen—werdet lebendig, kehrt um, wagt es, zu leben!

Sei, wer du wirklich bist. Fürchte dich nicht, du selbst zu sein.

Die Welt braucht genau die Gaben, die nur du hast. Folge den Träumen deines Herzens. Wage es, zu glauben und aufzusteigen.

Ich habe dich genau so gemacht, und genau so, wie du werden wirst.

Ich brauche dich genau so, wie du bist, und nicht eine Kopie von jemand anderem.

Conny Hubbard

Ps. 139,13-14 Du hast mich geschaffen mit Leib und Geist, mich zusammengefügt im Schoß meiner Mutter. Dafür danke ich dir, es erfüllt mich mit Ehrfurcht. An mir selber erkenne ich: Alle deine Taten sind Wunder!

Ps.139,7-10 Wohin kann ich gehen, um dir zu entrinnen, wohin fliehen, damit du mich nicht siehst? Steige ich hinauf in den Himmel—du bist da. Verstecke ich mich in der Totenwelt—dort bist du auch. Fliege ich dorthin, wo die Sonne aufgeht, oder zum Ende des Meeres, wo sie versinkt: auch dort wird deine Hand nach mir greifen, auch dort lässt du mich nicht los.

Conny Hubbard

Herr, ich möchte dich sehen,
wie du wirklich bist.
Ich will dich nicht durch die
Augen von anderen sehen.
Ich will dich erkennen,
wer du bist.

GLAUBE NUR

Ja, mein Liebes, ich spreche zu dir. Zweifelst du daran?

Hör auf dein Herz. Werde still vor mir und höre, was diese leise, feine Stimme dir zuruft.

Ja, mein Liebes, mich verlangt nach tieferer Gemeinschaft mit dir. Habe ich nicht gesagt: "Denkt an mich," als ich das Abendmahl eingesetzt habe?

Ja, denke oft an mich. Bring deinen umherziehenden Sinn zurück zu mir, auf dass er sich mir beugt und unterstellt.

Ich bin kein harter Arbeitgeber, sondern der sanftmütige Gärtner deines Herzens.

Lass mich eintreten in den Garten deines Herzens. Lass mich dein Herz hegen und pflegen.

Lass mich die Furchen pflügen und meine Saat auf gutem Boden aussäen.

Ich werde bauen, ich werde säen, ich will pflanzen und ich werde ernten.

Sei du einfach verfügbar. Beende dein eigenes Mühen und komm in meine Ruhe.

 Conny Hubbard

Hör auf die Lieder, die ich dir singe. Schau auf die Zeichen meiner Liebe. Ich belebe dein Herz. Ich werde dich erneuern und stärken. Ich möchte dich segnen und leiten. Sei du einfach willig, und demütig und lass mich das Werk in dir tun. Ich habe dich zu einem fruchtbaren Garten gemacht, mein Liebes.

Luk. 22,19 Und er nahm das Brot, dankte und brach's und gab's ihnen und sprach: Das ist mein Leib, der für euch gegeben wird; das tut zu meinem Gedächtnis. LUT

Hebr. 4,10 Denn wer zu seiner Ruhe gekommen ist, der ruht auch von seinen Werken gleichwie Gott von seinen. LUT

GEH MIT MIR

Mein Kind, hör auf die Führung in deinem Herzen, es ist die sanfte Führung meines Geistes. Ich kenne dein Herz und jede Schicht deines Schmerzes.

Ich verstehe. Glaub mir.

Ich höre die leidvollen Klagen in deiner Seele. Ich habe dich nicht hierher gebracht, um dich hier abzustellen.

Nein, ein größeres Werk meines Geistes wartet hier auf dich.

Ich erwarte nichts anderes von dir, als nur mit mir zu gehen.

Und es ist nicht die Perfektion in deinem Weg, die mich bewegt, an dir zu wirken.

Ich habe beschlossen, was ich tun werde.

 Conny Hubbard

Sogar heute wirst du es schon sehen. Beobachte. Glaube.

Hör hin und empfange.

Ich liebe dich mit unaufhörlicher Liebe.

ȣ

Mi. 6,8 Es ist dir gesagt, Mensch, was gut ist und was der HERR von dir fordert, nämlich Gottes Wort halten und Liebe üben und demütig sein vor deinem Gott. LUT

BREITE MEINE LIEBE AUS

Mein kostbares Kind, du bist wirklich ein Kind meiner Liebe. Ich habe "Liebe" auf dem Banner über deinem Leben geschrieben.

Ich sehne mich danach, mein Volk zu lieben. Ich möchte sie berühren.

Und doch sind so viele unfähig, zu empfangen. Da wo du unfähig warst, meine Liebe zu empfangen, habe ich jemanden in dein Leben gebracht, der meine Liebe in dein Leben bringen konnte.

Und nun, mein Kind, sei du meine liebenden Arme um meine Geliebten herum, die sich abmühen, meine Liebe empfangen zu können. Gib ihnen meine Liebe.

Geh zu ihnen, beuge dich zu ihnen, geh ins Tal hinab, um sie zu umarmen,

Conny Hubbard

und liebe diejenigen, die meine Liebe am meisten brauchen.

Ich habe meine leidenschaftliche und unauslöschliche Liebe für mein Volk in dein Herz ausgegossen.

Du hast das Rufen meines Herzens gehört.

Werde ich dann nicht deinen Schrei hören, mein Liebes?

Wahrlich, das werde ich.

1. Joh. 3,1 Sehet, welch eine Liebe hat uns der Vater erzeigt, daß wir Gottes Kinder sollen heißen! Darum kennt euch die Welt nicht; denn sie kennt ihn nicht. LUT

DAS SICHTBARE UND DAS UNSICHTBARE

Ich bin wahrhaftig mit dir. Fürchte dich nicht. Ich habe dich hierher gebracht, um dich näher zu mir zu bringen. Ich bin mit dir, wache über dir, während du wächst und dich weiter entwickelst. Die Tiefe ruft nach der Tiefe.

Lass mich dich in die tiefere Gemeinschaft mit mir bringen, nach der du dich so sehnst. Du bist nicht der Einzige mit diesem Verlangen nach Nähe. Es entspringt meinem Herzen und ist genau das, was ich mir wünsche.

Ich werde dir Gebete geben, die meine Söhne und Töchter betreffen und ich werde deine Fürbitte annehmen.

Während du deine Augen auf mich gerichtet hältst, werde ich in der unsichtbaren Realität handeln.

Die Zeit zwischen dem, was im Unsichtbaren geschieht und den daraus folgenden natürlichen Erscheinungen wird in der Zukunft verkürzt werden.

Antworten auf Gebet werden so schnell kommen wie auch die Konsequenzen für üble Taten schneller über mein Volk kommen werden.

Daraus folgen größere Segnungen für die einen genauso wie größere

Conny Hubbard

Furcht für die anderen.

Hör auf meine Worte, meine Führung und meine Weisheit.

Gib mir alle deine Gedanken und Vorstellungen.

Arbeite nur daran, in meine Ruhe zu kommen.

Alles andere wird sich fügen, wenn die Priorität klar ist.

2. Kor. 4,17-18 Die Leiden, die ich jetzt ertragen muss, wiegen nicht schwer und gehen vorüber. Sie werden mir eine Herrlichkeit bringen, die alle Vorstellungen übersteigt und kein Ende hat. Ich baue nicht auf das Sichtbare, sondern auf das, was jetzt noch niemand sehen kann. Denn was wir jetzt sehen, besteht nur eine gewisse Zeit. Das Unsichtbare aber bleibt ewig bestehen.

ICH BIN DEIN FRIEDE

Mein Kind, ich bin dein Friede. Ich spreche Frieden in dein Herz. Du liegst mir sehr am Herzen. Ich weiß, dass du schnell überwältigt bist. Ich bringe dich zu meiner Ruhe und in meinen Frieden.

Gräme dich nicht über Angelegenheiten, die zu schwer für dich sind. Tu einfach das, was ich vor dich gelegt habe und alles wird gut, wenn du mir vertraust.

Mein Geist ist in dir, führt und leitet dich. Meine Weisheit ist wie ein großes Licht, das dir den Weg erleuchtet.

Bleibe dabei, mir zu vertrauen und mutig weiterzugehen.

Bleibe in meinem Frieden und ich werde dich leiten auf meinen Wegen des Friedens

Conny Hubbard

*Joh. 14,27 Den Frieden lasse ich euch,
meinen Frieden gebe ich euch. Nicht gebe
ich euch, wie die Welt gibt. Euer Herz
erschrecke nicht und fürchte sich nicht.
LUT*

*Ps. 119,105 Dein Wort ist meines Fußes
Leuchte und ein Licht auf meinem Wege.
LUT*

VERTRAUE UND WARTE

Mein Schatz, Ich liebe dich so sehr. Ich bin da. Ich sorge für dich! Ich sehe dein Herz, deine Schwierigkeiten und alle deine Wünsche.

Wenn du das alles vor mir ausbreitest, nehme ich jede einzelne Angelegenheit ernst. Ich erkenne dein Vertrauen in mich, wenn du kommst und alles zu mir bringst.

Niemals werde ich auch nur die kleinste Sache geringschätzen, die du mir im Glauben und einem vertrauenden Herzen bringst.
Ich freue mich, wenn du deine Herzensanglegenheiten mit mir teilst. Danke für dein Vertrauen.

Ich liebe dich und ich möchte dich segnen. Ich halte so viel für dich

bereit und warte nur darauf, es
zur richtigen Zeit freizugeben.

Ich, ja sogar ich warte mit
großer Vorfreude, bis ich dir meine
Schätze geben kann.

Weißt du, die festgelegte Zeit
wird kommen!

Deine Gebete werden im
Himmel gehört!

*Hab 2,3 Was ich da ankündige, wird
erst zur vorbestimmten Zeit eintreffen.
Die Botschaft spricht vom Ende und
täuscht nicht. Wenn das Angekündigte
sich verzögert, dann warte darauf; es
wird bestimmt eintreffen und nicht
ausbleiben.*

UNTER MEINER WACHSAMEN FÜRSORGE

Ich habe dich zur Seite genommen, mein Kind, weil ich in dir etwas sehe, was ich zur Entfaltung bringen möchte.

Vertrau mir, dass du unter meiner Fürsorge bist und ich diesen Funken in dir zur rechten Zeit entzünden werde.

Wenn ein Handwerksmeister ein Stück Holz nimmt, um eine Violine daraus zu machen, begutachtet er das Holz und fragt sich:

"Ist das hier das richtige Stück Holz, um daraus eine Violine zu machen, aus der die wunderbarsten Töne und Melodien hervorkommen? Wenn es den Test besteht, werde ich es nehmen und gestalten. Unter meiner wachsamen Fürsorge wird es ein Instrument werden, würdig, es dem begabtesten Künstler anzuvertrauen."

LICHT UND LIEBE

Ich habe dich gerufen, mein Licht zu sein.

Ich habe ein Feuer in deinem Herzen angezündet. Es ist ein heiliges Feuer der Liebe.

Liebe tut seinem Nachbarn nichts Falsches. Siehst du nun, warum das Licht nicht hell scheinen kann, wenn du gegen die Liebe sündigst?

Das Licht ist eine Offenbarung meiner Liebe. Licht und Liebe sind untrennbar verflochten. Sie können nicht getrennt werden. Wenn du in Liebe wandelst, bist du im Licht. Wenn du im Licht wandelst, werden liebevolle Handlungen folgen.

Ich habe dir schon meine Liebe gezeigt. Ich werde sie weiterhin in dein Herz schreiben.

Conny Hubbard

Du sollst ein Kanal meiner Liebe in dieser Welt sein.

Ich habe dich erwählt, gerufen und gesalbt.

Im Licht und in der Liebe zu leben bedeutet auch in Heiligkeit und Kraft zu leben.

Du hast begonnen, meine Wege zu verstehen, mein Kind. Bleib nah bei mir.

1. Joh. 2,10 Wer seinen Bruder liebt, der bleibt im Licht, und durch ihn kommt niemand zu Fall.

EMPFANGE MEINE LIEBE

Komm zu mir, meine Liebste. Mein Herz fließt über von Liebe für dich. Empfange meine Liebe. Ich liebe dich so sehr.

Du bist eine Freude für mich. Du berührst mein Herz. Ich liebe dich, mein Liebes. Du bist mir so kostbar.

Es ist mir eine Wonne, dass du meine Liebe annimmst.

Ich habe dir eine Salbung der Liebe gegeben. In dir ist eine reiche Anzahlung meiner Liebe.

Dies ist eine mächtige geistliche Kraft. Es hat nichts zu tun mit deiner seelischen Struktur.

Ich habe dir die Fähigkeit gegeben, mein Herz, das voller Liebe ist, für andere Menschen zu spüren, und ich möchte, dass du ihnen meine Liebe weitergibst. Es ist nicht deine Liebe, sondern meine. Meine Liebe fließt auch dann, wenn du überhaupt gar keine Liebe fühlst.

Vertraue mir, dass ich die Menschen um dich herum mit meiner Liebe berühre.

 Conny Hubbard

Rede weiter mit ihnen darüber, wie sehr ich sie liebe und ich werde deine Worte bestätigen.

Ich werde mein Wort erfüllen und sie berühren mit meiner Liebe.

Ich werde deine Worte mit der Salbung meiner Liebe füllen. Und du wirst sehen, wie meine Liebe Menschen berührt und heilt.

1. Joh. 4,16 Und wir haben erkannt und geglaubt die Liebe, die Gott zu uns hat. Gott ist die Liebe; und wer in der Liebe bleibt, der bleibt in Gott und Gott in ihm. LUT

1. Kor. 13,8 Niemals wird die Liebe vergehen.

MIR NAH

Es gibt so vieles, was ich dich lehren möchte. Du hast einige wichtige Lektionen gelernt, aber ich habe noch viel mehr, was ich dir zeigen und geben will. Sei aufmerksam und hör zu. Beobachte mich. Achte auf meine Schritte. Ich will mit dir reden, mein geliebtes Kind.

Ich will dich lehren, wie du mit dem Fluss strömen kannst.

Du musst nicht hinein und heraus gehen, sondern du wirst lernen, wie du fest stehen kannst und du lernst, zu merken, was versuchen könnte, dich aus dem Fluss zu ziehen. Dieser Platz ist sowohl ein Platz der Ruhe, als auch der Aktivität.

Aber es ist kein fleischliches Handeln, sondern der Ort, wo sich mein Geist bewegt. Der Ort des Friedens und wo du weißt, dass du zur richtigen

Conny Hubbard

Zeit am richtigen Ort bist.

Ein Ort der Nähe. Wo du meine Stimme hörst. Wo du mir nahe bist. Wo du liebst und geliebt wirst.

Ein Ort der Kraft und der Autorität und auch ein Ort, wo du dich an meiner Stärke anlehnen kannst.

Komm mein Kind, ich lade dich ein an diesen Ort.
Er gehört dir.

Jes. 26,3 Wer festen Herzens ist, dem bewahrst du Frieden; denn er verlässt sich auf dich.

TRÄNEN IN FREUDE VERWANDELT

Ich leite dich ins verheißene Land, in ein neues Gebiet, wo Milch und Honig fließen. Friede und Freude sollen dein Herz füllen wie niemals zuvor. Ich bin mit dir. Ich habe gute Dinge für dich auf Lager.

Meine Gnade ist ein Zeichen über dir. Die Tränen, die du geweint hast, werden als Freudenöl über dein Haupt fließen. Du wirst tanzen und hüpfen vor Freude.

Mein Herz wird jubeln über dir, mein Schatz. Mein Herz wird ein Lied der Freude singen. Ich will dich im Tanz führen. Du wirst mir Ehre bringen. Die Liebe Gottes wird sichtbar sein in deinem Leben.

Ich habe dich erprobt. Dein Herz sehnt sich nach mir. Du wirst erhalten, wonach du dich sehnst.

Conny Hubbard

Halte deine Augen auf das Kreuz gerichtet und die Herrlichkeit folgt dem Zerbruch in deinem Leben. Schau hinein in den Himmel.

Du siehst, was ich sehe, wenn ich dich auf meine Schultern hebe.

Bleib nahe bei mir.

Ps. 126,5 Die mit Tränen säen, werden mit Freuden ernten.

LASS MICH DEINE FÜSSE WASCHEN

Ich möchte dir die Füße waschen und dir dienen, liebes Kind. Lass mich deine Füße waschen. Erlaube mir, dich zu segnen. Ich bin stark; du bist schwach. Erlaube mir, dir zu dienen.

Ich habe meinen Jüngern Brot und Wein serviert. Dann habe ich ihre Füße gewaschen. Es ist mein Wunsch, dir zu dienen, indem ich dir essen und zu trinken gebe und dir die Füße wasche.

Lass mich dir dienen. Lass mich dich lieben. Ich weiß, dass du nicht weißt, wie. Wie Petrus, sagst du schnell, "Oh nein, Herr, niemals geschehe das."Aber ich sage dir: "Nimm mich an als deinen Diener. Ich bin gekommen, um für dich zu leiden. Ich bin stark für dich. Du musst nicht stark für mich sein."

 Conny Hubbard

Mein liebes Kind, wenn ich möchte, dass du dich mir beugst, komme ich nicht als harter Arbeitgeber.

Ich komme mit einem Handtuch und einer Waschschüssel. Und so komme ich auch zu dir.

Joh. 13,5-8 Danach goss er Wasser in ein Becken, hob an, den Jüngern die Füße zu waschen, und trocknete sie mit dem Schurz, mit dem er umgürtet war. Da kam er zu Simon Petrus; und der sprach zu ihm: HERR, sollst du mir meine Füße waschen? Jesus antwortete und sprach zu ihm: Was ich tue, das weißt du jetzt nicht; du wirst es aber hernach erfahren. Da sprach Petrus zu ihm: Nimmermehr sollst du meine Füße waschen! Jesus antwortete ihm: Werde ich dich nicht waschen, so hast du kein Teil mit mir. LUT

ICH BIN MIT DIR

Halte dich an mir fest, mein Kind.

Bleibe beständig auf deinem Weg. Ich bin mit dir.

Fürchte dich nicht. Zu jeder Zeit, an jedem Ort kannst du dich immer nach mir ausstrecken und dich in mir verbergen. Ich wache so sorgsam über dir. Wenn du nur wüsstest, wie ich dich segnen möchte! Ich bin ständig um dich herum. Ich weiß es, wenn du dich schwach fühlst. Ich weiß, wann der Druck zu groß wird und wann er dich zerbrechen würde. Ich werde keiner Last erlauben, zu schwer oder zu groß für dich zu werden, so dass du sie nicht mehr tragen könntest. Du bist eingraviert in meine Hände. Ich habe deinen Schmerz in mir getragen, in meinem Herzen. Ich kenne deinen Schmerz so gut. Siehst du, ich habe das Kreuz überwunden.

Ich bin mit dir. Wenn du leidest, weine ich mit dir.

Es bewegt mein Herz, weil ich dich so sehr liebe, mein Kleines.

Empfange meinen Trost.

Immer, immer ist meine Hand da. Du hörst sie in der Werbung sagen:

Conny Hubbard

"Streck dich aus und berühre jemanden."

Lass mich diesen Jemand sein. Strecke dich aus und berühre mich, denn ich bin mit dir.

Bleib bei mir, wenn eine Welle von Schmerz und Pein dich erfasst und mit aller Macht zu Boden drücken will.

Ich halte dich fest. Ich gebe dir Sicherheit und Stärke.

In mir bist du stark. Meine Stärke ist genau das, was du brauchst in deiner Schwachheit. Ich bin stark in dir.

Jes. 49,16 ich habe dich unauslöschlich in meine Hände eingezeichnet; deine Mauern sind mir stets vor Augen.

Matt. 28,20 Und siehe, ich bin bei euch alle Tage bis an der Welt Ende.

PERLEN DER WEISHEIT

Mein Kind, ich sehe deine Entschlossenheit, mir zu folgen.

Ich werde die Salbung in deinem Leben ausbreiten.

Es ist deine Bestimmung, in Heiligkeit vor mir zu leben.

Du sollst ein Kanal meiner heilenden Gnade und Kraft sein.

Wenn der Feind die Hitze ansteigen lässt, werde ich die Vollmacht in meiner Gemeinde vergrößern. Du sollst daran teilhaben. Ich möchte dich gebrauchen, meinen Namen zu verherrlichen. Ich habe nicht vergessen, welche Wünsche ich in dein Herz gepflanzt habe.

Ich beobachte genau, wie die Perlen der Weisheit dabei sind, in deinem Inneren geformt zu werden.

Zur richtigen Zeit werden diese Perlen für den ganzen Leib Christi

Conny Hubbard

freigesetzt werden.

So wie eine kostbare Perle im Inneren der Auster stetig wächst, so habe ich meine Perlen, die im Verborgenen heranreifen

Sie sind Schätze, die ich gegen die Dunkelheit einsetze.

Ich weiß, wo meine Perlen sind!

Hiob 28,18 Die Weisheit ist höher zu wägen denn Perlen.

GIB MIR DEINE SORGEN

Gib mir deine Sorgen. Die Großen und auch die Kleinen.

Siehst du, ich sorge für dich. Und ich habe dich immer im Blick.

Es gibt keinen Grund, beunruhigt zu sein.

Alles ist gut, wenn du dich meiner Fürsorge überlässt.

Deine größte Sorge bist du selbst. Übergib mir diese Sorge.

Vertrau mir doch darin, du wirst nicht enttäuscht sein.

Aber du wirst eine Freiheit finden von den Dingen, die dich so festhalten und besorgt sein lassen.

Du verlierst nur dein altes "Selbst-Leben" und bekommst dafür mein Leben.

Conny Hubbard

Ist das nicht ein guter Tausch?

1. Petr. 5,7 Alle Sorge werfet auf ihn; denn er sorgt für euch. LUT

ORIENTIERE DICH AN MIR

Fürchte dich nicht vor den Veränderungen in dieser Zeit. Nimm sie an. Ich bin da, auch wenn es dir verwirrend und turbulent erscheint.

Auch wenn du meine Nähe nicht spüren kannst - ich bin dir nahe. Während Zeiten von Übergang und Veränderung wirke ich. Gerade fühlst du dich fehl am Platz und verwirrt. Ich verändere dich, nicht nur im Hier und Jetzt, sondern auch geistlich.

Betrachte die wichtigsten Schachfiguren. Sie werden mehr bewegt, als andere.

Bei jedem Schritt, den du machst, verlierst du den natürlichen festen Standpunkt. Du musst dich neu ausrichten. Lass mich dieser Punkt deiner Ausrichtung sein.

Wenn du dich fühlst, als hättest du deine Orientierung verloren, bin ich dabei einen neuen Platz für dich vorzubereiten. Ich weiß, deine Geduld ist erprobt worden. Aber ich sehe kostbare Frucht, die sich an dir entwickelt, wenn du in mir verborgen bist.

Darf ich dich noch einmal bewegen?

Jes. 54,10 Berge mögen von ihrer Stelle weichen und Hügel wanken, aber meine Liebe zu dir kann durch nichts erschüttert werden und meine Friedenszusage wird niemals hinfällig.' Das sage ich, der HERR, der dich liebt.

VERTRAUE IN DER DUNKELHEIT

Ich wache über dir mit zärtlicher Fürsorge.

Ich erlaube dem Bösen nicht, auch nur auf einem meiner Kinder herum zu trampeln, die ich mit dem kostbaren Blut meines Sohnes erlöst habe.

Ich vertiefe deinen Glauben in einer Weise, dass du fähig sein wirst, mir zu vertrauen in dunkelster Nacht, denn dunkle Nächte werden über diese Erde kommen. Dann werden viele, viele meiner Kinder ein Licht brauchen, das ihnen hilft, durch die Dunkelheit zu kommen.

Zur gleichen Zeit, wenn mein Geist freigesetzt wird, wird auch Bedrückung des Feindes über das Land kommen. Mein Volk wird getestet und versucht werden.

Conny Hubbard

Zweifle nie, niemals an meiner Liebe für dich. Du bist mein. Vertraue mir.

Dein Vertrauen in mich ist dein größter Schutz und wird es immer sein.

Jes. 30,15 Der Herr, der heilige Gott Israels, hat zu euch gesagt: "Wenn ihr zu mir umkehrt und stillhaltet, dann werdet ihr gerettet. Wenn ihr gelassen abwartet und mir vertraut, dann seid ihr stark."

FÜRSORGE FÜR DEIN HERZ

Mein Kind, dein Herz ist in meiner Obhut. Ich kenne dein Herz. Ich habe dich geschaffen. Und ich möchte, dass du bist, wer du bist!

Sei ganz frei, du selbst zu sein in meiner Gegenwart. Ich freue mich an dir. Versuche nicht, jemand anders zu sein.

Und vernachlässige nicht die Bedürfnisse deines Herzens. Geh weiter durch die Schwierigkeiten und Herausforderungen. Gebrauche mein Wort. Reiß die Mauern nieder, die versuchen, dich daran zu hindern.

Conny Hubbard

Spr. 4,23 Mehr als auf alles andere achte auf deine Gedanken, denn sie entscheiden über dein Leben.

Gal. 5,1 Zur Freiheit hat uns Christus befreit! So steht nun fest und lasst euch nicht wieder das Joch der Knechtschaft auflegen! LUT

MEINE LIEBE

Mein Kind, ich habe dich berufen, meine Liebe zu erkennen und ein Geliebter zu sein: Ein Geliebter Gottes und ein Liebender für diejenigen, die Gott liebt.

Liebe ist viel größer als die vielen Dinge, die mein Volk als groß verehrt. Meine Liebe ist mächtig, groß und stark. Meine Liebe bringt wunderbare Heilung und Befreiung.

Liebe ist das große Gebot.

Kann ich dich zu irgendetwas Größerem berufen?

1. Kor. 13,13 Nun aber bleibt Glaube, Hoffnung, Liebe, diese drei; aber die Liebe ist die größte unter ihnen.

Matth. 22,37-38 Jesus antwortete: "Liebe den Herrn, deinen Gott, von ganzem Herzen, mit ganzem Willen und mit deinem ganzen Verstand!" Dies ist das höchste und größte Gebot.

SEI ERMUTIGT

Mein Kind, mein Erbarmen für dich ist groß. Du hast einen harten Kampf hinter dir. Ich habe dich nicht verlassen. Du musst das wissen. Bitte vertrau mir.

Ich liebe dich und behüte dich. Ich habe Engel beauftragt, über dir zu wachen für dieses Ziel: Dass du nicht scheitern wirst.

Ich weiß, dass du dich nach der himmlischen Heimat sehnst und nach der Freude, die in deines Vaters Haus ist.

Ich halte das nicht vor dir zurück. Ich stärke dich und trainiere dich. Lass mich dir versichern, dass ich dir nicht mehr gebe, als du tragen kannst.

Meine ewigen Arme halten dich. Ich gehe mit dir zärtlich und mitfühlend um.

Conny Hubbard

Vergiss niemals meine Liebe und meine Zärtlichkeit für dich.

Als du ein verwundetes Schäflein warst, habe ich dich auf meinen Schultern getragen. Nun lehre ich dich, auf deinen eigenen Füßen zu gehen. Ich weiß, es schmerzt.

Aber ich sehe dein gläubiges Herz und deine Entschlossenheit, mir zu folgen, mein kleines Schäfchen.

Jes. 40,11 Er führt sein Volk wie ein guter Hirt, der die Lämmer auf seinen Arm nimmt und an seiner Brust trägt und der die Mutterschafe behutsam leitet.

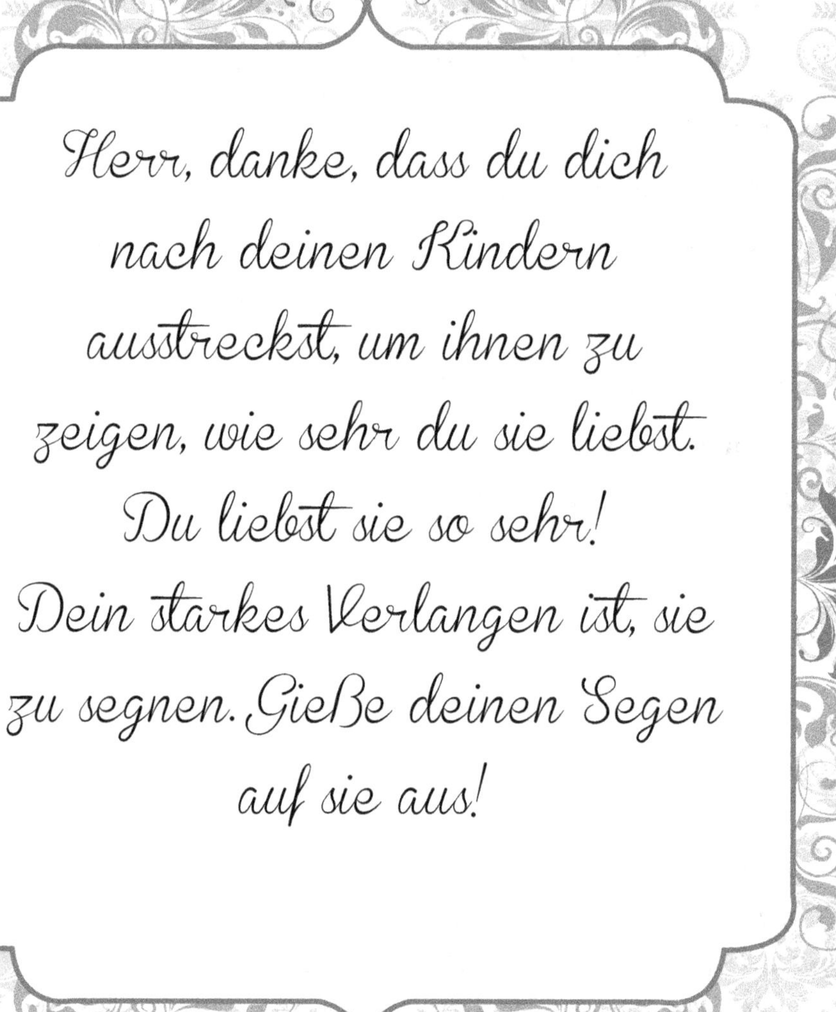

Conny Hubbard

Herr, du wirst niemals müde,
mir deine Liebe zu versichern.
Ich darf von dir trinken, Einsicht
und Verständnis empfangen.
Ich möchte dich noch
mehr erleben.
Es ist so gut, in deiner
Gegenwart zu sein.
Du bist mein größter Schatz.
Danke, dass nichts
uns trennen kann.

EIN VERTRAUENDES HERZ

Mein Kind, du hast meine Erlaubnis, dich auszuruhen und zu tun, was dein Herz erfreut. Ich bin kein harter Arbeitgeber. Mein Kind, du siehst mich noch durch verwundete Augen. Ich habe heilende Augensalbe und wann immer du mich danach fragst, werde ich sie dir auftragen. Dann werden deine Augen klar sehen. Dann kann ich dir zeigen, wonach mich verlangt, es dir zu zeigen.

Dein Herz ist mir wichtig, nicht deine Leistung. Verweile in mir und lebe in der Verbindung mit mir. Dann wird alles gut. Ich spreche zu deinen Ängsten und nehme deinen Kummer.

Der Tag wird kommen, wo du weinst vor Freude und Freudentränen werden dein Gesicht herunter rollen. Lass deine Gebete einfache Wünsche und Bitten und flüsternde Worte sein.

Ich beantworte die Gebete, die aus einem vertrauenden Herzen

Conny Hubbard

kommen.

Ich bin umfassend dabei, in deinem Leben zu wirken, auch wenn du zeitweise nicht viele Beweise dafür siehst.

Sei versichert, dass ich immer in den verborgenen Orten wirke. Alles, was ich mir von dir wünsche, ist, dass du dich meiner Fürsorge überlässt und in meine Gegenwart kommst.

Wohne in mir und mein Licht ist auf dir.

Ps. 126,5 Die mit Tränen säen, werden mit Freuden ernten.

Joh. 15,7 So ihr in mir bleibet und meine Worte in euch bleiben, so werdet ihr bitten, was ihr wollt, und es wird euch widerfahren. LUT

KENNE MEINEN HERZSCHLAG

Ich bin dein Bräutigam. Ich sehe die Bedürfnisse deines Herzens. Ich habe nichts von dem vergessen, was du meiner Fürsorge anvertraut hast.

Ich öffne mein Herz für dich. Du wirst meinen Herzschlag hören. Du wirst die Nähe fühlen, die du dir wünschst.

Ich habe alles völlig im Griff. Ermutige dein Herz, mir zu vertrauen.

Da sind Menschen, die jemanden brauchen, der ihren Schmerz versteht.

Wirst du für diese kostbaren Seelen kämpfen, die ich liebe und für die ich gestorben bin?

Conny Hubbard

Kol. 3,12 So zieht nun an, als die Auserwählten Gottes, Heiligen und Geliebten, herzliches Erbarmen, Freundlichkeit, Demut, Sanftmut, Geduld. LUT

SCHÜTTE DEIN HERZ AUS

Mein Kind, ich sehe deinen Schmerz und deine Sorgen.

Mein Herz schmerzt für dich und mit dir.

Du bist meine kostbare Tochter. Ich werde dich rechtfertigen.

Nicht länger werden Menschen auf dich herabschauen und dich niederdrücken.

Ich gebe dir Gnade und ich kröne dich mit meiner Ehre.
Gib mir all dein Leid und deine Sorgen.

Schütte dein Herz vor mir aus. Ich höre auch die wortlosen Schreie deines Herzens.

Ich kenne deine Bedürfnisse, selbst wenn du sie noch nicht kennst.

Conny Hubbard

Jes. 53,4 Fürwahr, er trug unsere Krankheit und lud auf sich unsre Schmerzen. Wir aber hielten ihn für den, der geplagt und von Gott geschlagen und gemartert wäre. LUT

HÖRE AUF MEIN HERZ

Schau mich im Geist und in der Wahrheit an.

Ich werde niemals in eine andere Art von Beziehung zu dir wechseln. Ich fordere dich heraus und offenbare mich dir wahrhaftig.

Dein Herz wird erkennen, was ich dir sage. Hab keine Angst, mit mir zu gehen, ja sogar Wege zu gehen, die für andere uneben erscheinen. Dein Herz wird mich in Wahrheit erkennen.

Ich werde niemals in voraussehbarer Routine zu finden sein.

Du wolltest mit mir auf Berge steigen. Das wirst du.

Höre weiterhin auf mein Herz. Du tust gut daran, ständig darauf zu hören, denn ich habe dir viel mitzuteilen.

 Conny Hubbard

Joh. 4,24 Gott ist Geist, und die ihn anbeten, die müssen ihn im Geist und in der Wahrheit anbeten.

ORDENTILICHES TRAINING

Mein Liebes, ich überwache deine Fortschritte.

Ich möchte dich ordentlich trainieren. Ich liebe dich.

Das ist der Grund für meine Strenge mit dir. Ich habe dich manchmal streng behandelt. Aber du hast meine Disziplin angenommen und dich meinem Kommando ergeben, auch wenn das schwer war.

Dass du es weißt, mein Kind, ich bin sehr zufrieden mit dir.

Genau so ist es, wenn du dein Kind lobst, wenn du stolz auf es bist. So sage ich zu dir heute: "Das ist mein gutes Mädchen!"

Meine Disziplin in deinem Leben ist zu einem großen Segen für dich geworden und du hast es als solches in deinem Herzen empfangen. Ich war sanft, aber nicht weich mit dir.

Conny Hubbard

Ich gehe mit jedem meiner Kinder so um, wie es ihre oder seine Bedürfnisse erfordern.

Du stehst am Beginn einer neuen Ebene auf deinem Weg mit mir. Fröhlicher Gehorsam und Freude an meinen Geboten wird dein Brot und dein Wein sein.

Dies wird Zufriedenheit für deine Seele und Erfrischung für deinen Geist sein.

Hebr. 12,7 Es dient zu eurer Erziehung, wenn ihr dulden müsst. Wie mit seinen Kindern geht Gott mit euch um; denn wo ist ein Sohn, den der Vater nicht züchtigt? LUT

MEHR LIEBE

Möchtest du wirklich mehr Liebe und mehr Kraft in deinem Leben?

Meine Liebe, es schmerzt mich und ich bin betrübt darüber, dass du mir erzählst, wie ich dich lieben soll. Du möchtest die Kontrolle darüber haben, dass ich tun soll, was du mir sagst. Und wenn das nicht passiert, so wie du es dir denkst, fällst du in ein Verhalten wie ein kleines Mädchen. Du tobst und schmollst.

Ich sage dir das nicht, um dich anzuklagen. Ich sage dir, was in meinem Herzen ist. Wie sehr verlangt es mich, dich zu lieben! Alle meine Kinder auf viele kreative und wunderbare Art zu lieben. Aber Menschen sind so blind, so armselig, so beschäftigt mit irdischen Dingen und ihren Wehwehchen. Du und auch viele andere, ihr verpasst ständig die Zeichen und Beweise meiner Liebe.

So oft wischst du einfach meine Liebe weg. Ja, es betrübt mein Herz. Weil ich dich so sehr liebe, schmerzt es mich, wieder und wieder zurückgewiesen zu werden und das genau von denjenigen, die ich verschwenderisch lieben will.

Manchmal sieht es so aus, als ob du mich aufnimmst und mich im nächsten Moment ablegst, wie ein Spielzeug, das seinen Reiz verloren hat, sobald etwas aufregenderes seinen Platz einnimmt.

Ich möchte, dass du den Schlüssel zu meinem Herzen erkennst.

Gerade jetzt in diesem Moment, erreicht dein wachsender Glaube mein Herz zutiefst.

Du musst wissen, meine Liebe, du hast mein Herz berührt.

Für alle Menschen, die mein Herz berührt haben, sprudeln Quellen der Liebe hervor. Diese Liebe ist mächtig und stark.

Sie ist Licht. Sie vertreibt die Finsternis. Dein Feind fürchtet sich davor.

Ja, du hast mein Herz oft berührt. Ich bin heftig in dich verliebt. Ich schaue auf dich mit großer Freude und Gunst.

Ich will dir mein Wort öffnen und große Geheimnisse mit dir teilen.

Eph. 2,4-5 Aber Gott ist reich an Erbarmen. Er hat uns seine ganze Liebe geschenkt. Durch unseren Ungehorsam waren wir tot; aber er hat uns mit Christus zusammen lebendig gemacht. —Bedenkt: Aus reiner Gnade hat er euch gerettet!

GARTEN DER FREUDE

Ich biete dir mein Herz an. Ich rufe dich, meine Braut zu sein. Wende all deine Energie und deinen Blick darauf. Richte dein ganzes Streben danach aus.

Ich habe dich dazu gerufen, meine Liebe zu erforschen. Sie ist ein Garten, wo du kommen kannst und dich erfreuen kannst, wann immer du möchtest. Du hast jederzeit Zugang zu diesem Garten meiner Liebe. Komm und labe dich und erfrische dich in diesem Garten. Bade in meinen Freudenströmen. Lass dein Herz mutig den Garten erforschen.

Komm und bitte. Suche und finde. Ich begegne dir in dem Garten meiner Liebe. Durch Glauben, mein Liebes. Durch Glauben, nicht nur auf deinen Erlebnissen basierend oder deiner Erziehung oder Leistungen- Komm und empfange.

Meine Liebe ist der Ort deiner Salbung.

     Conny Hubbard

Wenn du über meine Liebe sprichst, werden deine Worte gesalbt.

Sie werden zum vielbegehrten und heißersehnten Manna für diejenigen, die Ohren haben zu hören.

Wandle immer in den Spuren meiner Liebe.

Mein Zeichen über dir ist Liebe.

Ich setze über dir meine Salbung der Liebe frei und vermittle dir die Weisheit, mein Herz zu kennen und zu verstehen.

Judas 1,21 Bleibt im Schutz der Liebe Gottes und wartet geduldig darauf, dass Jesus Christus, unser Herr, wiederkommt und euch in seinem Erbarmen das ewige Leben schenkt.

MEIN PLAN FÜR DICH

Ich habe dich bei deinem Namen gerufen. Du bist mein.

Ich habe die tiefste Sehnsucht in deinem Herzen gesehen. Die Sehnsucht nach Begleitung und dein Bedürfnis nach tiefer Freundschaft. Gibst du diese Wünsche in meine Hand und vertraust mir damit völlig?

Ich will dir alle Segnungen meiner Gegenwart geben und meine Freundschaft, die deine tiefsten Sehnsüchte erfüllt in einer Weise, die keine irdische Freundschaft geben kann.

Ich habe dich mit einer tiefen Kapazität geschaffen, um meine Liebe zu empfangen. Der Feind hat versucht, immer und immer wieder die Nöte in deinem Leben zu füllen. Aber er hat damit keinen Erfolg.

Ich will dich mehr und immer mehr mit meiner Gegenwart erfüllen.

Conny Hubbard

Ich habe vieles für dich geplant.

Ich liebe dich mit einer großen Leidenschaft und Zärtlichkeit.

Erlaube mir, dein bester Freund zu sein.

Spr. 18,24 aber ein echter Freund hält fester zu dir als ein Bruder.

KOMM NÄHER

Mein Kind, gib mir deine Furcht. Der Ankläger steht vor dir und klagt dich an, deine Pflicht vernachlässigt zu haben, aber ich sage dir heute: ich habe dein Herz gesehen und dein Verlangen, mir nahe zu kommen. Ich sehe die Dinge, die dich hindern. Oh, wie sehr ich mir wünsche, dich nahe zu mir zu ziehen. Lass mich dich führen und dir helfen, dich deinen Ängsten zu stellen. Lauf nicht vor ihnen davon.

Blicke ihnen frontal entgegen und sei siegreich.

Ich habe unzählbare Segnungen, die auf dich warten. Freude ist in meiner Gegenwart. Sogar Korrektur ist lieblich in meiner Gegenwart.

Ich werde dich nah zu mir ziehen, wenn du mich lässt.

Denn siehst du, ich zerre meine Kinder nicht gegen ihren Willen her.

Conny Hubbard

Dazu musst du deinen Willen beugen und es erwählen, von mir in meine Nähe gezogen zu werden.

Ps. 73,28 Ich aber setze mein Vertrauen auf dich, meinen Herrn; dir nahe zu sein ist mein ganzes Glück. Ich will weitersagen, was du getan hast.

WARTE

Ich habe dich gerufen, zu beten und die Autorität in meinem Namen zu ergreifen. Aber ich habe dich zuerst zu mir gerufen. Um mir nahe zu sein, mich zu lieben und von mir zu lernen.

Ich will durch dich fließen mit Gebet, wenn mein Geist dein Herz bewegt. Ich will dich bewegen zu handeln, während du auf mich wartest. Ich sehe deine wachsende Bereitschaft, gebraucht zu werden, aber ich sage dir "Warte."

Ruhe und vertraue mir. Ich kenne dich besser als du dich selbst kennst. Ich werde dich nicht überfordern.

Es ist mir wichtiger, dass du mein Wesen erkennst, als dass du meine Arbeit tust.

 Conny Hubbard

Warte geduldig, bis ich dir deine Mission übertrage.

Dann überlasse mir den Rest. Vertraue mir.

Tu nur das, was ich dir zu tun gebe.

Joh. 5,19 Da antwortete Jesus und sprach zu ihnen: Wahrlich, wahrlich, ich sage euch: Der Sohn kann nichts von sich selber tun, sondern was er sieht den Vater tun; denn was dieser tut, das tut gleicherweise auch der Sohn. LUT

RUHE IN MIR

Ruhe in mir, mein Kind. Ich bin dein sicherer Hafen.

Ruhe in meinen Armen. Wenn du dich hin und her geworfen fühlst, wisse, dass ich hier bei dir bin.

Ich verlange nicht mehr von dir, als das, wofür ich dir auch die Gnade dazu gebe. Deshalb unternimm nicht mehr, als meine Gnade erlaubt.

Gib deinem Körper Ruhe. Hör auf, dich selbst über deine Grenzen zu treiben. Hab keine Angst davor, faul zu sein.

Ich lasse dich wissen, wo die Grenzen sind.

Vertraue mir und ruhe in mir.

Conny Hubbard

Jes. 30,15 Der HERR, der heilige Gott Israels, hat zu euch gesagt: Wenn ihr zu mir umkehrt und stillhaltet, dann werdet ihr gerettet. Wenn ihr gelassen abwartet und mir vertraut, dann seid ihr stark.

ERFÜLLT

Mein Allerliebstes, Kind des höchsten Gottes, ich bin dabei, meine Heilungssalbung in deinem Leben zu erweitern. Viele deiner Gebete aus der Vergangenheit werden bald beantwortet werden. Deine Freude wird unermesslich zunehmen.

Es wird eine Leichtigkeit in deinen Schritten und in deinem Herzen geben. Beziehungen werden vertieft und wachsen, sogar über die Grenzen dieses Landes. Sei denen ein Freund, die ich in dein Leben bringe. Ich werde sie in der Tiefe berühren. Vertraue mir für das Unsichtbare.

Ich werde deine geistliche Wahrnehmung deutlich schärfen.

Ich werde deinen Hunger nach mir vergrößern und mein Feuer in dir hell brennen lassen.

 Conny Hubbard

Ich werde weiterhin meine Liebe ausgießen. Ich gebe dir meine Liebe, um sie wiederum mit anderen zu teilen.

Lass sie meine Liebe aufsaugen und sei du erfüllt mit meiner Liebe.

1. Thess. 3,12 Euch aber lasse der Herr wachsen und immer reicher werden in der Liebe untereinander und zu jedermann, wie auch wir sie zu euch haben. LUT

NÄHRE DEINE SEELE

Ich sehe das Nähren der Seele—wie das Lesen eines guten Buches, ein herzerwärmendes Spiel, oder den Besuch eines Konzerts—als viel mehr als einfach ein Bedürfnis.

Es ist notwendig, deine Seele zu ernähren. Ändere dein Denken.

Deine Seele braucht das Licht der Inspiration, die Künste und die großen Gedanken. Sie vertrocknet und verkümmert in der alltäglichen Schinderei des Lebens. Lass deine Seele nicht verhungern. Es ist das fleischliche Leben, das sterben muss, nicht deine Seele.

Verschiedene Seelen haben verschiedene Bedürfnisse, so wie auch unterschiedliche Körper unterschiedliche Bedürfnisse haben.

Derselbe Körper hat sogar unterschiedliche Bedürfnisse in den verschiedenen Phasen des Wachstums und Alters. Genauso ist es mit deiner Seele.

Conny Hubbard

So wie du empfängst und weitergibst, was ich dir durch deinen Geist gebe, hat es auch deine Seele nötig, angepasst und erweitert zu werden.

Die Kleinheit einer Seele ist ein großes Hindernis, das es dieser Seele erschwert, die großen und herrlichen Gaben des Geistes zu empfangen.

Bitte mich, dir diese Dinge zu geben, wonach deine Seele dürstet. Ich werde freudig antworten.

Jes. 58,11 Ich, der HERR, werde euch immer und überall führen, auch im dürren Land werde ich euch satt machen und euch meine Kraft geben. Ihr werdet wie ein Garten sein, der immer genug Wasser hat, und wie eine Quelle, die niemals versiegt.

MEIN ZEICHEN DER LIEBE

Ich möchte, dass du siehst, wie sehr du geliebt bist von deinem Bräutigam und dass ich an deiner Seite stehe.

Sieh dich selbst, wie du unter dem Zeichen meiner Liebe stehst. Und ich bin genau hier bei dir.

Ich gebe meine Liebe in dein Herz. Wenn du dich nach anderen ausstreckst, werden sie berührt mit meiner Liebe für sie.

Meine Liebe fließt von mir zu dir und wieder zurück in einem immerwährenden Kreislauf der Liebe. Geben und empfangen. Sie kommt von mir und fließt zurück zu mir im Lobpreis meines Volkes. Ein ständig fließender Fluss meiner Liebe.

Setze dich weiterhin zu meinen Füßen und lass deine Liebe zu mir

Conny Hubbard

verströmen wie ein kostbares Parfüm. Sein Geruch wird die Luft erfüllen und dadurch auch andere zu mir ziehen.

Sei stark ermutigt, mein Kind. Ich erfreue mich an dir.

Hld. 2,4 Er führt mich in den Weinkeller, und die Liebe ist sein Zeichen über mir.

BEGRENZE MICH NICHT

Halte deinen Blick auf mich gerichtet. Nimm dein Schwert und kämpfe den guten Kampf des Glaubens. Bete und steh fest. Trete heraus im Glauben, mir vertrauend, dass ich dich leite.

Du begrenzt mich, wenn du meine Bereitschaft, für dich zu handeln, in Frage stellst.

Ich antworte nicht immer sofort auf deine Anliegen. Ich möchte alle meine Kinder segnen. Ich warte immer auf Möglichkeiten und ich bin immer bereit, für meine Kinder zu handeln.

Bring mir alle deine Nöte und Wünsche. Siehst du nicht, dass ich mich daran freue, dir die Wünsche deines Herzens zu erfüllen? Es macht mir Freude, dich zu überraschen mit guten Gaben und Segnungen. Habe ich

 Conny Hubbard

nicht gesagt, "Geben ist seliger denn Nehmen?"

Psalm 78,41 Immer wieder stellten sie ihn auf die Probe und kränkten ihn, den heiligen Gott Israels. LUT

KOMM, LAUF ZU MIR

Komm, mein Kind, lebe in meiner Liebe. Ich sage dir noch einmal, lebe in meiner Liebe. Egal, was passiert ist. Egal, was du getan hast, Gutes oder Böses. Ich rufe dich auf, in meiner Liebe zu leben. Meine Liebe ist dein Licht. Der Feind will meine geliebten Kinder von mir fern halten.

Mein Kind, er will mir weh tun, indem er dich von mir fern hält und dich verletzt. Er kann mich nicht antasten, so versucht er sein Bestes, die anzutasten, die mir am liebsten sind. Das sind meine Kinder.

Schaffe in deinem Herzen ein neues Ziel, heute dem Feind nicht zu erlauben, dich von mir fern zu halten. Du denkst, es macht mich traurig, wenn du fällst und strauchelst auf dem Weg mit mir. Nein, nein, nein!

Obwohl mir dein Versagen nicht gefällt, traurig werde ich dann, wenn du es zulässt, dass die Stürze, das Straucheln oder Versagen dich von mir fern halten.

Dann freut sich der Feind hämisch und klagt dich vor mir an und sagt:

Conny Hubbard

"Siehst du, sie vertrauen dir nicht."

Meine Augen halten Ausschau und suchen nach denen, die sich an meine Gnade halten und in meine liebenden Arme werfen. Ich suche diejenigen, die mir erlauben, ihr Vater und ihr Erlöser zu sein.

Mein Kind ich werde dich in noch größeres Bewusstsein für die Liebe deines Vaters für dich bringen.

Und du wirst wirklich jubeln und singen.

Off. 12,10 Und ich hörte eine große Stimme, die sprach im Himmel: Nun ist das Heil und die Kraft und das Reich unsers Gottes geworden und die Macht seines Christus, weil der Verkläger unserer Brüder verworfen ist, der sie verklagte Tag und Nacht vor Gott. LUT

LEBE IM VERTRAUEN ZU MIR

Ich liebe dich und freue mich an dir, mein liebes Kind. Hör nicht auf, meiner Güte, meiner Liebe und meiner Treue zu vertrauen. Ich leite dich, ob du es spürst oder nicht. Ständig schaffe ich in dir einen größeren Glauben. Einen Glauben, der nicht auf äußerliche Zeichen gegründet ist, sondern einfaches und beständiges Vertrauen in mein Wort. Und habe ich dir nicht mein Wort gegeben?

Meine Pläne für dich sind weit größer, als du jemals ermessen kannst. Ich bringe dich zur Entfaltung und bewirke, dass du wächst. Fürchte dich nicht, verletzlich zu sein vor den Menschen, denen du mein Wort austeilst. Indem du im Glauben und Vertrauen heraustrittst, werden eben diese Eigenschaften denen vermittelt, die dir zuhören. Während du ein Vorbild dafür bist, im Vertrauen auf mich ausgerichtet zu sein, werde ich in ihnen dieses Vertrauen entwickeln.

Wie kannst du mit anderen über Vertrauen reden, wenn du mir nicht vertraust? Nur wenn du im Vertrauen lebst, kann Vertrauen durch dich vermittelt werden.

Meine Taube, mein Liebling, ich bin niemals fern von dir. Ich bin dir immer nah, halte dich nah bei mir.

Ich suche Nähe mit dir. Ich ziehe dich nah an mein Herz. Denk an mich.

Strebe danach, in mir zu verweilen und in meiner Gegenwart zu bleiben, nicht nur, wenn es für dich passend ist, sondern auch zu allen Zeiten.

Du verlangst danach, dass das lebendige Wasser ständig fließt.

Conny Hubbard

Ständiges Verweilen in meiner Gegenwart ist die Antwort darauf.

Ich sehne mich nach tieferer Vertrautheit mit dir.

Willst du die tieferen, geheimen Bereiche deines Herzens öffnen, die mir noch verschlossen sind?

Psalm 9,10 Den Unterdrückten bietet er sicheren Schutz; in schlimmer Zeit sind sie bei ihm geborgen.

Joh. 15,4-5 Bleibt mit mir vereint, dann werde auch ich mit euch vereint bleiben. Nur wenn ihr mit mir vereint bleibt, könnt ihr Frucht bringen, genauso wie eine Rebe nur Frucht bringen kann, wenn sie am Weinstock bleibt. Ich bin der Weinstock und ihr seid die Reben. Wer mit mir verbunden bleibt, so wie ich mit ihm, bringt reiche Frucht. Denn ohne mich könnt ihr nichts ausrichten.

GEFESTIGT

Mein Liebes, ich muss dich dort hinbringen, wo du im Glauben auf mich schaust, und auf nichts anderes. Ich möchte dich in das Reich des Geistes bringen. Solange du danach verlangst, dass deine Seele sich füllt mit dem Gefühl meiner Gegenwart, wirst du hin und her geworfen.

Wenn ich dich im Geist gegründet habe und du lernst, deinen Geist mit meinem Geist einzustimmen, wirst du ein feines geistliches Gespür entwickeln, das schärfer und viel verlässlicher ist, als jedes andere Gefühl je sein könnte.

Jede weitere Erfahrung wird Segen sein und nicht nur Zeichen meiner Zustimmung und Liebe.

Während du danach strebst, mich mehr zu kennen, werde ich Menschen

 Conny Hubbard

in deinen Weg bringen, die ebenso danach suchen, mich mehr zu kennen. Keine Sorge. Vertraue mir.

Ich bin da.

Psalm 20,7 Nun weiß ich es: Der HERR steht seinem König zur Seite; aus seinem Heiligtum im Himmel gibt er ihm Antwort, seine mächtige Hand greift ein und befreit.

GEH ZUM GIPFEL

Mein kostbares und geliebtes Kind, ich juble über dich mit großer Freude. Du siehst die Veränderungen, die ich bewirkt habe. Du fühlst sie. Du kennst sie. Heute befindest du dich in der Realität von vielen Dingen, die in der Vergangenheit nur Verheißungen waren.

Und du weißt auch, dass es da noch mehr gibt. Ich habe dich geschaffen mit einem brennenden Verlangen, den Gipfel zu besteigen. Ich freue mich so darüber, dass du immer deinen Blick höher, auf das Ziel vor dir, richtest.

Ruhe in mir, mein Liebes. Komm in meine beruhigenden Arme. Ich bin stark und mächtig, zu retten. Nur durch meine Kraft und Macht wirst du Veränderungen sehen.

Durch deine Kraft allein wirst du keine Veränderungen herbeiführen.

Ich weiß auch, wie sehr du dir wünschst, auch in den Menschen um dich herum Veränderungen zu sehen. Aber ruhe in mir, vertraue mir weiterhin, ich werde auch in ihnen diese Veränderungen bewirken.

Aber halte du deine Sicht und dein Herz auf dem richtigen Kurs.

Lass die Verantwortung für diese anderen Menschen in meinen Händen.

Überlass mir diese Veränderungen in ihnen. Gib mir alle deine Mühen und Lasten.

Conny Hubbard

Mein Kind, jeder Mensch hat eine Einladung erhalten, mit mir die Reise zum Gipfel zu unternehmen. Nicht alle sind bereit, zu kommen. Manche sind so müde und matt.

Andere denken, sie können es sich nicht leisten.

Alle sind eingeladen. Ich habe den Preis bezahlt.

Phil. 3,14 Ich halte geradewegs auf das Ziel zu, um den Siegespreis zu gewinnen. Dieser Preis ist das ewige Leben, zu dem Gott mich durch Jesus Christus berufen hat.

Sach. 4,6 Und er antwortete und sprach zu mir: Das ist das Wort des HERRN von Serubabel: Es soll nicht durch Heer oder Kraft, sondern durch meinen Geist geschehen, spricht der HERR Zebaoth.

SICHER MIT MIR

Mein Kind, ich habe lange gewartet, bis du zu mir kommst und mir vertraust für tiefere Heilung. Alle deine Wunden sind sicher bei mir.

Was ich dir gesagt habe, werde ich tun. Geh weiter mit mir und richte dich nach meiner Gegenwart aus.

Geh beständig weiter und vertraue mir als deinem Leiter. Ich werde dich nicht in die Irre führen. Deine Schritte werden sicher und gefestigt. Wenn du stolperst oder fällst, werde ich da sein.

Vertraue mir mit dem Prozess deiner Veränderung und des Wachstums. Empfange meine Gnade und meinen Trost, der für dich jederzeit im Überfluss verfügbar ist, mein Liebstes.

Denke immer daran: Ich bin für dich da. Du musst nicht stark sein für mich.

Ich bewirke in dir, flexibel zu sein und dich dem Wind meines Geistes zu beugen mit einer zunehmenden Beweglichkeit, die du nie zuvor gekannt hast.

Du wirst übermütig hüpfen wie ein Hirsch und doch nicht in die Fallen des Feindes tappen.

Ich gehe vor dir her, an deiner Seite, und hinter dir.

Sogar, wenn du durch Tränentäler gehst, wirst du große Schätze finden und großen Frieden erlangen.

2. Kor. 1,20 denn alle Gottesverheißungen sind Ja in ihm und sind Amen in ihm, Gott zu Lobe durch uns.

Psalm 84,6 Wie glücklich sind sie, die bei dir ihre Stärke finden und denen es am Herzen liegt, zu deinem Heiligtum zu ziehen! Wenn sie durchs Wüstental wandern, brechen dort Quellen auf.

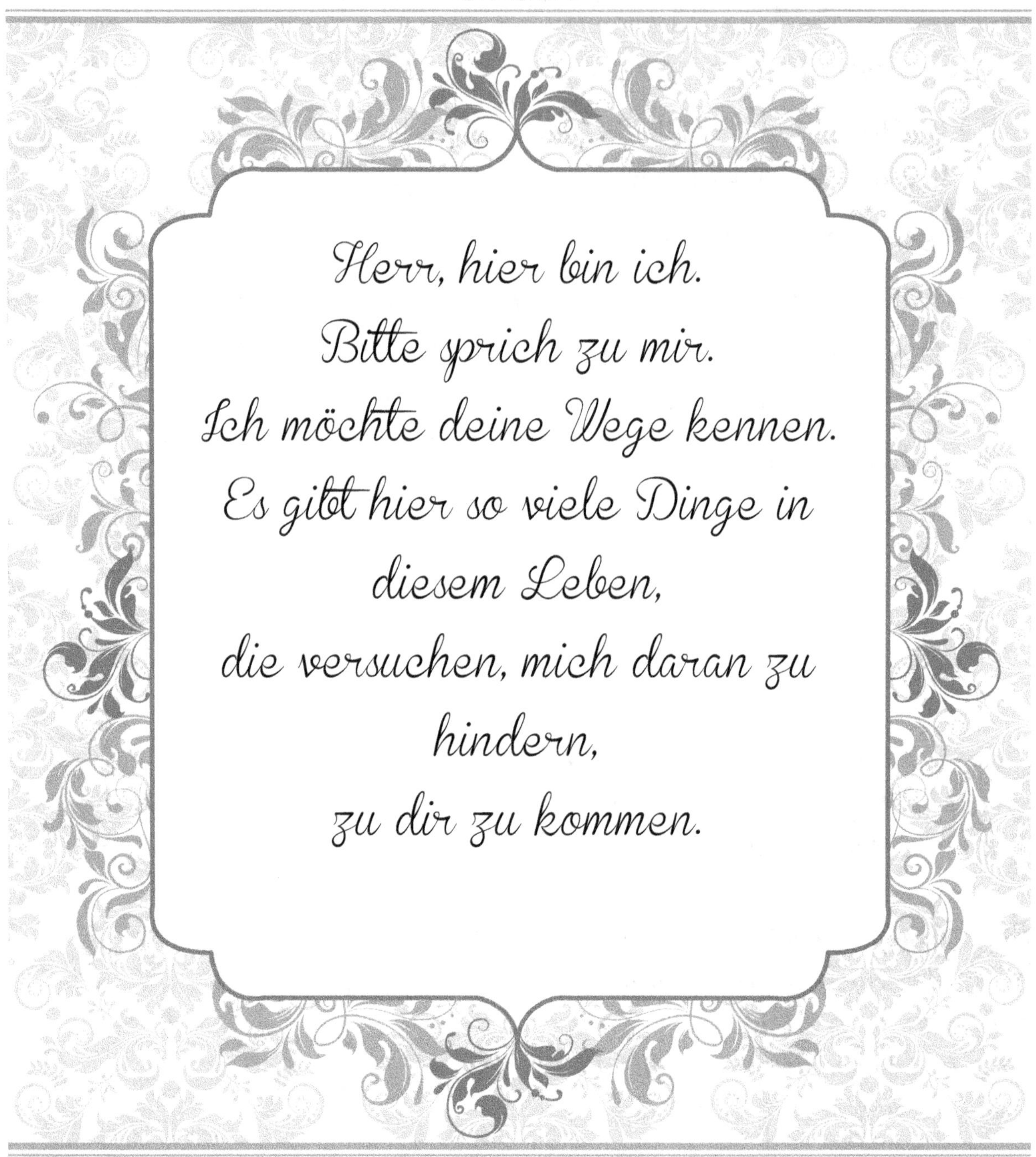

Herr, hier bin ich.
Bitte sprich zu mir.
Ich möchte deine Wege kennen.
Es gibt hier so viele Dinge in
diesem Leben,
die versuchen, mich daran zu
hindern,
zu dir zu kommen.

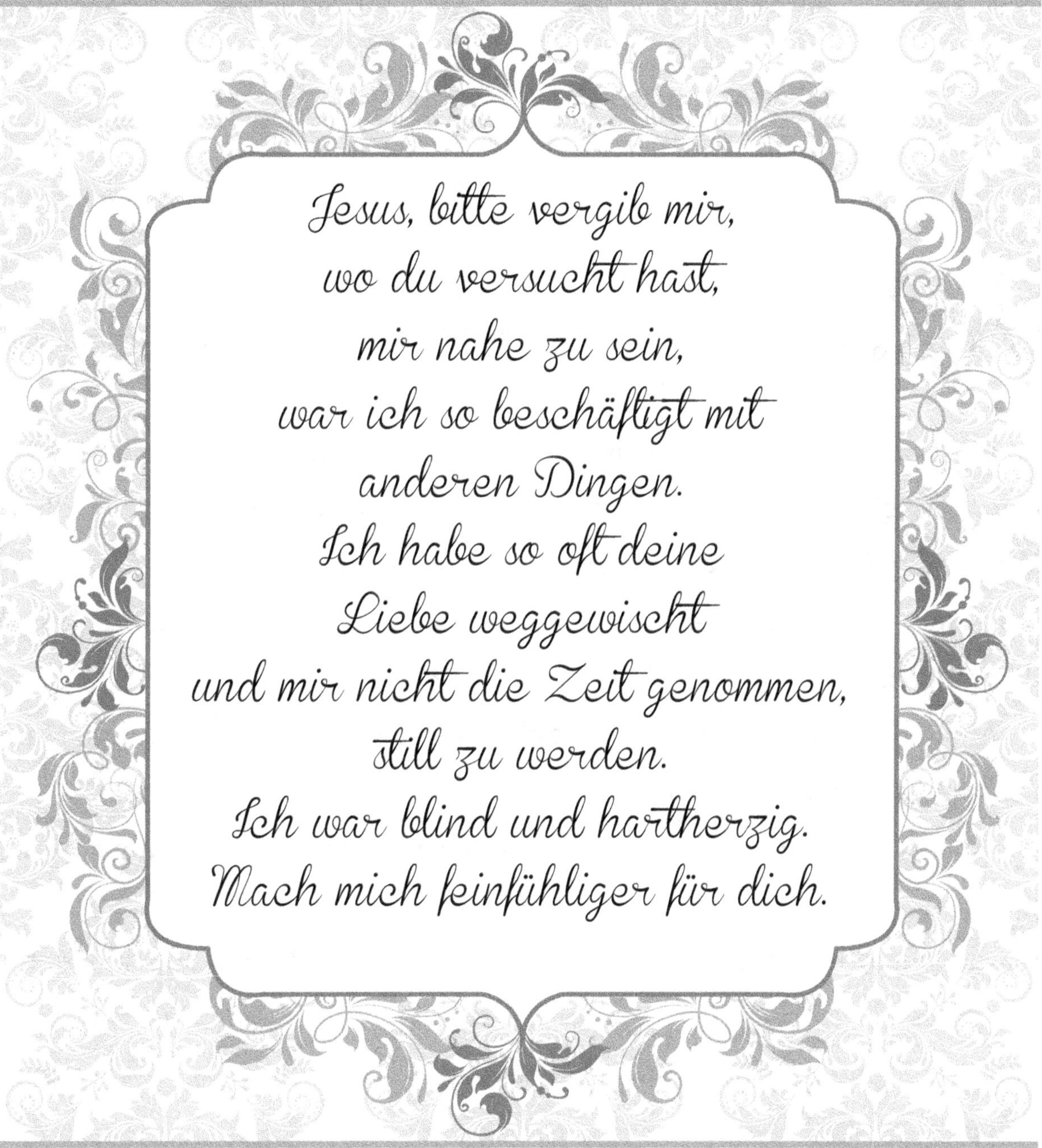

Jesus, bitte vergib mir,
wo du versucht hast,
mir nahe zu sein,
war ich so beschäftigt mit
anderen Dingen.
Ich habe so oft deine
Liebe weggewischt
und mir nicht die Zeit genommen,
still zu werden.
Ich war blind und hartherzig.
Mach mich feinfühliger für dich.

GEREINIGT UND ERRETET

Mein Kind, ich weiß, wie lange du gewartet hast und wie du dich gefragt hast: "werde ich jemals diese Schwierigkeiten überwinden?"

Ich habe deine Traurigkeit gesehen, deine Einsamkeit und deinen Kummer. Ich habe gesehen, dass du nicht fähig warst, dir selbst zu helfen. Wo deine Hilflosigkeit verursacht war durch diejenigen, die für dich hätten stark sein sollen, da sage ich dir: Ich bin dein Helfer. Ich werde tun, was du nicht selbst für dich tun kannst. Glaube mir.

Mein Kind, ich bin hier bei dir. Sehr bald schon werde ich anfangen, die Quellen sprudeln zu lassen.

Aus dem gewaltigen und tiefen Reichtum, der über die Jahre in dir gereift ist.

Genauso, wie das Rohöl im Schoß der Erde gebildet und nur dann ein großer Reichtum für die Menschheit wird, wenn man es entdeckt, herausholt und reinigt, wird auch das, was ich in dir schaffe, ein kostbarer Schatz.

Conny Hubbard

Dieses wird zu einem heiligen Öl, das hervorquillt und ausgeteilt wird zur Heilung und Verwandlung vieler Menschen.

Deshalb bring alle, die bereit sind, sich reinigen zu lassen, in meine Gegenwart, denn ich werde sie verändern, reinigen und befreien.

Joh. 14,26 Aber der Tröster, der Heilige Geist, den mein Vater senden wird in meinem Namen, der wird euch alles lehren und euch an alles erinnern, was ich euch gesagt habe.

Jes. 45,3 Ich liefere dir die verborgenen Schätze und die versteckten Vorräte aus. Daran sollst du erkennen, dass ich der wahre Gott bin, dass der HERR, der Gott Israels, dich beim Namen gerufen und in seinen Dienst gestellt hat.

DEIN SCHUTZ UND SCHILD

Mein Schatz, lauf nicht verzweifelt weg, denn ich bin mit dir. Mein Kind, wirf dich in meine Arme. Du hast doch meine zärtliche Liebe für dich geschmeckt und erlebt.

Fürchte dich nicht vor Zärtlichkeit, denn sie ist eine Stärke.

Ich bin zärtlich mit dir und beschütze dich, mein Liebling. Ich kenne deine Bereiche, wo du schwach und zerbrechlich bist.

Wenn schon eine Umzugsfirma das zerbrechliche Geschirr einwickelt und vorsichtig transportiert, würde ich weniger als das tun für meine kostbaren und wertvollen Kinder?

Würde ich sie nicht in eine Decke meiner Liebe einhüllen und achtsam über ihnen wachen?

Conny Hubbard

1. Mose 15,1 Nach diesen Geschichten begab sich's, dass zu Abram geschah das Wort des HERRN im Gesicht und sprach: Fürchte dich nicht Abram! Ich bin dein Schild und dein sehr großer Lohn.

ERHEBE DICH

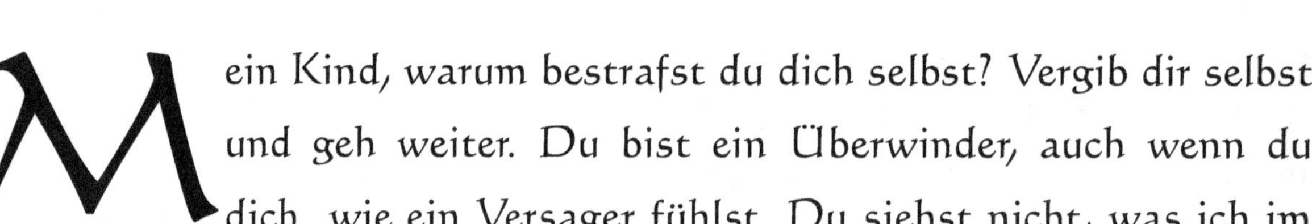

Mein Kind, warum bestrafst du dich selbst? Vergib dir selbst und geh weiter. Du bist ein Überwinder, auch wenn du dich wie ein Versager fühlst. Du siehst nicht, was ich im Unsichtbaren vorbereite.

Sei mutig im Kampf gegen die Sünde. Und steh schnell wieder auf, wenn du fällst.

Komm zu mir und empfange von mir Ermutigung. Du bist durch dunkle Täler und Schwierigkeiten hindurchgegangen. Du bist treu weitergegangen.

Das ist es, was ich sehe: Nicht dein Versagen, sondern deine wiederholte Bereitschaft, wieder aufzustehen.

Conny Hubbard

Lerne weiterhin von deinen Fehlern und geh vorwärts.

Meine Liebe ist mir dir und für dich da. Empfange meine Liebe bereitwillig.

Spr. 24,16 Denn ein Gerechter fällt siebenmal und steht wieder auf; aber die Gottlosen versinken im Unglück.

GLAUBE NUR

Mein Kind, komm, werde ruhig bei mir und höre auf meine feine, leise Stimme, die dich ruft. Richte deinen unruhigen Geist wieder nach mir aus, damit er sich gehorsam unter meine Gedanken beuge.

Sei einfach verfügbar. Stelle deine eigenen Arbeiten ein und komm in meine Ruhe. Hör auf die Lieder, die ich über dich singe. Schau auf die Zeichen meiner Liebe.

Sei nur bereit, in Demut mit mir zu gehen und lass mich in dir wirken.

Folge der klaren und sanften Führung meines Geistes. Ich höre die Sehnsucht in deinem Herzen und das klagende Weinen deiner Seele. Ich werde dein Herz beleben und dir Kraft geben.

Es ist nicht die Perfektion in deinem Wandel, die mich dazu bringt, dich zu umarmen.

Es ist das ruhige Anlehnen an meine Brust und deine hilflose Abhängigkeit von mir, was mein Herz berührt.

Diejenigen, die mein Herz berühren, wissen auch, wie sie meinen Arm bewegen.

Beobachte einfach. Hör zu und empfange. Glaube nur. Denn ich liebe dich mit ewiger Liebe.

Hebr. 4,3 Denn wir, die wir glauben, gehen in die Ruhe.

Micha 6,8 Es ist dir gesagt, Mensch, was gut ist und was der HERR von dir fordert, nämlich Gottes Wort halten und Liebe üben und demütig sein vor deinem Gott. LUT

NICHT IN DEINER EIGENEN STÄRKE

Mein Kind, arbeite nicht in deiner eigenen Stärke. Gib nur das weiter, was du von mir empfängst. Lebe nicht dein Leben aus deiner eigenen Kraft, sondern lebe mein Leben jeden Tag. Nimm täglich von meiner Kraft, meiner Stärke und meiner Weisheit.

Wachse, indem du mein Wort tief in deinem Inneren empfängst. Wenn überall Nöte auftauchen, suche meine Führung, welcher Not du zuerst begegnen sollst.

Tue weniger im Vertrauen auf deine eigene Kraft und vertraue mir mehr. Ich bin für dich da, warte immer mit offenen Armen auf dich.

Ich bin der Gott, der dieses ganze Universum zusammenhält.

Kann ich nicht auch deine Welt zu deiner Zufriedenheit gestalten?

Conny Hubbard

Lass mich mein Leben durch dich leben. Lass mich immer der entscheidende Faktor sein.

Ich werde dir die Kraft geben, die Gnade und die Weisheit, die du brauchst, um erfolgreich zu sein.

❧

2. Sam. 22,33 Er gibt mir Kraft und Stärke und öffnet mir einen geraden, gut gebahnten Weg.

Eph. 6,10 Zuletzt, meine Brüder, seid stark in dem HERRN und in der Macht seiner Stärke.

ENTSPANNE DICH IN MEINEN ARMEN DER LIEBE

Ich liebe dich, mein liebes Kind. Wirklich, du sollst meine bedingungslose Liebe kennen. Dann wirst du ein Kanal meiner Liebe sein, die von mir zu meinem Volk fließt.

Halte dich an meine Liebe und der Böse wird dich nicht antasten können. Wie du in meiner Liebe bleibst, wird meine Salbung der Liebe in dir und durch dich fließen.

Ich rufe mein Volk zu mir. Mein größtes Geschenk für sie ist meine Liebe.

Meine Liebe ist Heilung, ein Segen und alles, was sie brauchen. Wenn sie mich kennen, kennen sie meine Liebe.

Wenn mein Volk meine Liebe kennt, wird Heilung und Segen von mir

Conny Hubbard

zu ihnen fließen.

Darum halte dich in meiner Liebe.

～

1. Kor. 13,13 Nun aber bleibt Glaube, Hoffnung, Liebe, diese drei; aber die Liebe ist die größte unter ihnen.

GNADE FÜR DIE ZEITEN DES LEBENS

Mein Kind, sei nicht verzagt oder entmutigt, denn ich arbeite fortwährend in dir. Komm in meine Arme und lass mich dich lieben.

Lass dich von mir in den Garten führen, um uns zu begegnen. Mein Geist in dir hungert und sehnt sich nach mir. Bring dich selbst in dieses Sehnen und Ziehen des Geistes, denn ich wirke tiefer in dir, mein Kind.

Du bist das Werk meiner Hände und mir gefällt es, dich zu zeigen, als ein Beweis meiner reichen Gnade.

Habe ich nicht gesagt, ich werde vollenden, was ich begonnen habe?

Ich werde deine Hoffnung und deine Vision erneuern. Deine Wurzeln

Conny Hubbard

sollen sich vertiefen und deine Weisheit sich erweitern.

Es ist bereits in dir zu schmecken, wie du gewachsen bist in meiner Gnade durch die Jahreszeiten deines Lebens.

Die Früchte, die in dir reif geworden sind, voller Geschmack, sind ein Genuss für diejenigen, die daran teilhaben dürfen.

Ja, wirklich, du wirst ein fruchtbares Leben haben durch mich, denn ich bin der Maßstab und der entscheidende Faktor in deinem Leben.

2. Tim. 2,1 Du aber, mein Sohn, werde stark durch die Gnade, die dir durch Jesus Christus geschenkt ist!

STRÖME DES LEBENDIGEN WASSERS

Der Weg vor dir ist immer noch ein Weg voll Gnade und Herrlichkeit. Umso mehr Gnade du empfängst, desto mehr von meiner Herrlichkeit wirst du empfangen und weitergeben.

Oh, meine Liebe, ich weiß, wonach du suchst. Mich suchst du, mein Liebes, und ich bin nie fern von dir. Es wird eine Zeit der völligen Erlösung geben, wenn das volle Maß der Salbung und meine Gnade völlig frei fließen werden. Das wird sein wie Ströme lebendigen Wassers, die freigesetzt werden für mein erschöpftes, hungriges und durstiges Volk.

Komm in meine liebenden Arme. Ich hege und pflege dich, meine wunderschöne Braut. Ich singe dir ein Liebeslied. Ich werde deinem Herzen Flügel geben, damit du dich erheben kannst in meiner Liebe. Ich halte dich fest, meine liebliche und schöne Braut.

Geduldig und sehnsüchtig warte ich darauf, dich bei mir zu haben. In mir ist eine große Sehnsucht und Leidenschaft für dich, und mich verlangt sehr danach, dich zu segnen.

Ich sehe deine Schwierigkeiten und deinen Wunsch, mir zu gefallen. Ruhe in der Sicherheit meiner Liebe, die ich dir gerne gebe ohne Reue.

Ich bin nicht enttäuscht von dir.

Psalm 84,12 Ja, Gott, der HERR, ist die Sonne, die uns Licht und Leben gibt. Er ist der Schild, der uns beschützt. Er schenkt uns seine Liebe und nimmt uns in Ehren auf. Allen, die untadelig leben, gewährt er das höchste Glück.

Apg. 3,19-20 So tut nun Buße und bekehrt euch, dass eure Sünden getilgt werden, damit die Zeit der Erquickung komme von dem Angesicht des Herrn und er den sende, der euch zuvor zum Chritus bestimmt ist: Jesus. LUT

WARTE AUF DEN RICHTIGEN ZEITPUNKT

Mein liebes Kind, ich liebe dich so sehr. Ich umsorge dich und bin dir immer nahe. Ich sehe dein Herz. Wenn du mir dein Herz ausschüttest, nehme ich jedes Anliegen ernst. Ich wertschätze dein Vertrauen in mich. Ich bin froh, wenn du zu mir kommst und alles zu meinen Füßen legst, voller Glauben und Vertrauen auf mich.

Ich schätze die Zeiten, wenn du die tiefsten Dinge deines Herzens mit mir teilst. Ich liebe dich so sehr. Ich habe so viel mehr für dich in Vorbereitung, und warte nur auf den richtigen Zeitpunkt. Ja, ich warte mit Vorfreude darauf, endlich meine Schätze durch dich auszuteilen.

Höre, die richtige Zeit wird kommen! Deine Gebete sind im Himmel gehört worden!

Conny Hubbard

Hab. 2,3 Was ich da ankündige, wird erst zur vorbestimmten Zeit eintreffen. Die Botschaft spricht vom Ende und täuscht nicht. Wenn das Angekündigte sich verzögert, dann warte darauf; es wird bestimmt eintreffen und nicht ausbleiben.

BESTIMMT UND GESALBT

Mein Kind, ich habe dich gerufen, dich bestimmt und gesalbt, mein Diener zu sein. Ich habe dich gerufen, zuerst mir zu dienen. Ich halte dich für treu. Du siehst nur deine Mängel. Aber ich sehe ein perfektes, wachsendes und reifendes Herz vor mir.

Meine Kraft ist in dir am Werk, um dich zu einem Gefäß zu formen, in dem ich meine heilige Salbung aufbewahren kann, um sie mit meiner Gnade auszugießen über meinem Volk.

Halte alle deine Sinne auf mich gerichtet, sie sind das Tor zu deinem Leib. Lass es zu, dass deine erkannten Mängel nur deine Abhängigkeit von mir vertiefen. Ich habe dich erwählt. Lass dein Leben ein Beispiel sein für andere. Die Ermutigung und Bestätigung, die du so dringend brauchst, kommt von mir. Ich werde immer für dich da sein.

Du hast vieles aufgegeben um des Königreiches willen. Du hast einen hohen Preis bezahlt. Ich hab auch die Dinge gesehen, die du in der Stille getan hast aus lauter Liebe zu mir.

Deine wahre Identität liegt in dem, wer du bist, nicht darin, was du

Conny Hubbard

tust. Du bist nicht von dieser Welt. Du bist in mir gegründet.

Während mein Leben in dir wächst und gedeiht, wollen manche Menschen dich nicht annehmen, weil sie mich nicht annehmen wollen. Nimm es nicht persönlich.

Segne sie und geh weiter, schenke den Ablenkungen auf deinem Weg nur etwas bis gar keine Aufmerksamkeit.

Joh. 15,16 Ihr habt mich nicht erwählt; sondern ich habe euch erwählt und gesetzt, dass ihr hingeht und Frucht bringt und eure Frucht bleibe, damit, wenn ihr den Vater bittet in meinem Namen, er's euch gebe.

Matth. 6,4 ...und dein Vater, der in das Verborgene sieht, wird dir's vergelten.

GRÖSSERE ERNTE

Mein Kind, es scheint dir, als ob ich dir einiges weggenommen habe, aber tatsächlich füge ich hinzu. Es sieht aus, als ob ich dir etwas vorenthalten habe, aber ich habe dich beschnitten für eine größere Ernte.

Ich habe in dir ein ergebenes und treues Herz gefunden. Du hast wieder losgelassen, was ich dir gegeben habe.

Du warst bereit, wieder mit leeren Händen vor mir zu stehen. Du hast gelernt, dass meine Segnungen und Geschenke nicht dazu da sind, sie zu besitzen wie einen Siegespreis.

Es braucht größeren Glauben, Dinge loszulassen, als sie festzuhalten.

Habe ich dich jemals in die Irre geführt? Höre weiter auf den Heiligen Geist, wie er dich leitet. Dass sich alles bewegt und verändert, kommt von mir. Ja, sogar die Dinge, die für das Fleisch schwer sind, kommen von

Conny Hubbard

mir.

Vertraue mir während diesen Zeiten der Veränderung.

Reagiere mit meiner Liebe und Gnade.

Wenn die Zeit gekommen ist, werde ich größere Kraft entfesseln. Sei geduldig.

Ich sehe deinen Hunger nach dem, das dich wirklich befriedigt. Du hast mich geschmeckt. Und ich habe dich für immer verändert. Und ich werde dich in den kommenden Jahre weiter verändern.

Joh. 15,2 Er entfernt jede Rebe an mir, die keine Frucht bringt; aber die fruchttragenden Reben reinigt er, damit sie noch mehr Frucht bringen.

TEILE MEINE LIEBE

Bring dein Herz und deine Seele vor mir zur Ruhe.

Höre gut auf die leisen und dringlichen Rufe meines Geistes. Die Tage, die kommen, werden Tränen und Lachen mit sich bringen. Herzliche Tränen und herzliches Lachen.

Das heilende Wort ist das Wort von meiner Liebe. Ich will meine Liebe wie einen Fluss durch dich fließen lassen. Nähre dich mit meiner Liebe. Du wirst eintauchen in den Ozean meiner Liebe und sie an viele Menschen austeilen, die hungern und dürsten nach meiner Liebe und bereit sind, sie zu empfangen.

Deine persönlichen Nöte haben ein größeres Fassungsvermögen für meine Liebe geschaffen. Bitte mich, dir meine Liebe für mein Volk zu zeigen.

Versuche nicht, sie mit deiner eigenen Kraft zu lieben. Sie ist viel zu klein. Durch deine eigene Kraft wirst du nicht fähig sein, meine Liebe auszuteilen.

Aber durch das Sein in meiner Gegenwart wird es möglich sein, wenn du mir erlaubst, dein Herz zu weiten und meine Liebe in dir fließen zu lassen.

Dann werden mächtige Ströme meiner Liebe fließen und die Gebundenen werden freigesetzt werden.

Meine Liebe ist heftig und wagemutig, glühend und zärtlich und immer wahrhaftig.
Ich bin Liebe.

Geh jederzeit in meinem Geist der Liebe auf die Menschen zu.

1. Joh. 3,1 Sehet, welch eine Liebe hat uns der Vater erzeigt, dass wir Gottes Kinder heißen sollen!

ICH GEBE DIR TAPFERKEIT

Bring mir alle deine Sorgen und Lasten. Ich nehme sie dir ab. Lass dich von deinen Ängsten und Befürchtungen noch mehr in meine Nähe treiben. Dies ist nicht die Stunde für Kleinmütige. Tapferkeit ist nötig in diesen Tagen.

Du brauchst nicht nur Mut, um die großen Schlachten zu schlagen oder um eine riesige Aufgabe zu meistern. Es braucht genauso Mut, um die vielen täglichen Kämpfe zu schlagen. Diese gewöhnlichen Auseinandersetzungen drehen sich oft schon um die alltäglichen Bedürfnisse: Aufstehen, Anziehen, sich waschen, das Richtige essen. Dazu noch die geistlichen Kämpfe der Selbstdisziplin, zu beten, mit Gott zu kommunizieren, die Bibel zu lesen.

Es braucht Mut, zu sagen, "ich kann", wenn die Umstände oder ein

Conny Hubbard

Pessimist sagt: "Du kannst nicht."

Es braucht auch Mut, zu sagen: "Ich gebe mein Bestes," wenn Stimmen der Enttäuschung und Depression sagen, "vergiss es doch."

So sei guten Mutes und sei froh. Ich werde immer da sein, um dir Mut zu machen, wenn du es brauchst.

Jos. 1,9 Siehe, ich habe dir geboten, dass du getrost und freudig seist. Lass dir nicht grauen und entsetze dich nicht; denn der HERR, dein Gott, ist mit dir in allem, was du tun wirst. LUT

1. Petr. 5,7 Alle eure Sorge werft auf ihn; denn er sorgt für euch.

ANGENOMMEN

Mein Kind, wenn du von den Helden des Glaubens hörst, denke an ihren Hintergrund—ihre Geschichte, ihren Ruf.

Ihre Gaben und Salbungen waren unterschiedlich. Ich wirke auf unterschiedliche Weise, einzigartig und persönlich in jedem Menschen. Lass dich von ihrem Leben inspirieren, aber lass dich nicht entmutigen, wenn du mich nicht auf genau dieselbe Weise in dir wirken siehst. Vergleiche dich nicht mit ihnen. Jeder von euch ist anders und besonders.

Überlass es einfach meiner Gnade, jedem von euch jeden Tag zu begegnen. Ich werde meine Gaben in dir entfalten, wenn es an der Zeit ist. Ich bin bei dir im Schmerz. Ich tanze mit dir, wenn du voller Freude bist.

Conny Hubbard

Dämpfe nicht deine Vorstellungskraft und deine Kreativität. Dies sind Gaben von mir. Erlaube es mir, lebendige Bilder auf die Leinwand deines Herzens zu malen.

Freue dich an dem, was ich dir gegeben habe und an dem, wer du bist.

Nimm dich selbst an, so wie ich dich angenommen habe.

Gal. 6,4 Jeder und jede von euch soll das eigene Tun überprüfen, ob es vor Gott bestehen kann. Ob sie etwas an sich zu rühmen haben, das lesen sie dann an sich selber ab und nicht an anderen, über die sie sich erheben.

Röm. 15,7 Darum nehmt einander an, wie Christus euch angenommen hat zu Gottes Lob.

SEI NICHT ENTMUTIGT

Mein Kind, du siehst, dass ich in dir arbeite. Meine segnende Hand ist über deinem Leben. Ich habe alles unter Kontrolle.

Es braucht Selbstbewusstsein, wenn du deine eigenen Fehler siehst und dein Versagen und trotzdem nicht matt wirst, nicht aufgibst und dich nicht entmutigen lässt.

In der Vergangenheit hat Entmutigung zu viel Macht über dich gehabt. Vielleicht wärst du durch dein Versagen nicht so entmutigt, wenn du wirklich begreifen würdest, dass der Sieg sowieso nicht von dir abhängt. Solange du denkst, es wird etwas von dir erwartet, was du gar nicht erfüllen kannst, wirst du entmutigt sein.

Aber wenn du endlich begreifst, nicht auf deine eigenen Möglichkeiten zu vertrauen, sondern völlig auf meine Möglichkeiten, wird dich nichts mehr entmutigen können. Dann wirst du nicht auf dich selbst zählen, sondern auf mich.

Manchmal schien diese Wiederherstellung deines Selbstbewusstseins

Conny Hubbard

furchtbar langsam. Aber sei nicht verzagt, denn ich bin mit dir.

Du wächst geistlich, wirst demütig und reifst. Das und andere Veränderungen ist mein Werk in dir.

Sei also nicht verzweifelt. Gnade sprosst auf wie eine Blume, wächst und blüht in großer Fülle und Vielfalt im Garten deines Herzens.

&

Gal. 6,9 Lasset uns aber Gutes tun und nicht müde werden; denn zu seiner Zeit werden wir auch ernten ohne Aufhören.

1. Sam. 2,9 Der HERR leitet und schützt alle, die ihm vertrauen; aber seine Feinde enden in Finsternis, denn kein Mensch erreicht etwas aus eigener Kraft.

EINFACHE GEBETE

Weil du dich selbst demütigst, werde ich dir helfen. Ich werde die einfachen, kindlichen Gebete deines Herzens und deiner Lippen beantworten, ja sogar das leiseste Flüstern, das scheint, als ob es überhaupt keine Kraft hätte. Denk daran, dass das Drücken eines kleinen Knopfes eine große Maschine in Gang setzen kann.

Du hast dich oft gewundert, warum ich einfache, manchmal unausgesprochene Anliegen deines Herzens beantwortet habe. Siehst du, das ist in der Einfachheit der Vater-Kind-Beziehung, wo große Dinge geschmiedet werden. Bleibe weiter im einfachen, stillen kindlichen Glauben. Ich höre auch deine unausgesprochenen Worte.

Wenn du dich mir mitteilst, teile ich mich dir mit.

Conny Hubbard

Mein grenzenloses Herz hat für jedes meiner Kinder große, überwältigende und leidenschaftliche Liebe.

❦

2. Kor. 11,3 Eva wurde durch die klugen Lügen der Schlange verführt. Ich fürchte, dass eure Gedanken genauso verwirrt werden und ihr Christus nicht mehr rein und ungeteilt liebt.

DU BIST GENUG

Mein liebes Kind, da bist du ja wieder! Du kommst zu mir. Du kommst immer wieder. Du kommst immer wieder zu mir.

Und ich empfange dich froh und mit freudiger Erwartung.

Du fühlst dich entmutigt, weil du mit leeren Händen kommst und mir nichts bringst.

Was denkst du denn, was ich erwarte?

Was denkst du, was ich will?

Was denkst du, was ich sehe?

Meinst du, ich will dich, oder das was du für mich tun kannst oder mir bringen kannst?

Du glaubst nicht, dass du genug bist. Du glaubst nicht, dass deine Freundschaft jemals genug ist.

Du denkst immer, ich würde mehr erwarten....

Du genügst! Komm zu mir. Setz dich zu mir.

Bring mir deine Armut, und ich werde dich reich machen an Segnungen

Conny Hubbard

in jeder Weise. Bring mir deine Leere und ich werde dich füllen.

Oh, mein Liebstes, wie sehr verlangt mich danach, dir mehr aus meinem Herzen mitzuteilen. Du könntest es jetzt noch nicht ertragen. Aber ich wirke in dir und will dir Frieden geben und tiefe Heilung.

Bring dich selbst zu mir. Es ist das beste Geschenk, das du jemals bringen kannst!

Luk.1,53 Die Hungrigen füllt er mit Gütern und lässt die Reichen leer.

Apg. 2,28 Du hast mir den Weg zum Leben gezeigt.

DU HAST EINEN FREUND

Mein Liebes, du bist entmutigt und müde. Du hast auf die Umstände geschaut und mein Versprechen vergessen. Durch all deine Schwierigkeiten hindurch habe ich den Unrat hinausgetragen und ich bin dabei, dich zu reinigen.

Ich wünschte, ich könnte dir mehr dazu sagen, aber du bist zu schwer gebeugt. Du würdest meine Worte als eine weitere Last sehen. Obwohl du nicht verstehst, ich verstehe deine Situation sehr gut. Ich bin dein Freund. Ich bin bei dir und bleibe bei dir, wohin du auch gehst.

Wenn du erschöpft bist, erfrische ich dich in und mit meiner Gegenwart.

Der Kampf war lang und heftig. Ich biete dir meine Freundschaft immer an.

 Conny Hubbard

Ich bin ein Freund, der dir näher ist als ein Bruder.

Wenn du dich allein fühlst, ist meine Hand ausgestreckt, damit du dich festhalten kannst.

Wenn du erschöpft bist und im Sturm hin und her geworfen wurdest, kannst du dich an meiner Schulter anlehnen.

Mein Arm ist immer ausgestreckt, um dich zu kräftigen.

Spr. 18,24 Ein treuer Freund liebt mehr und steht fester bei denn ein Bruder.

Heb. 13,6 also daß wir dürfen sagen: "Der HERR ist mein Helfer, ich will mich nicht fürchten; was sollte mir ein Mensch tun?

SEI STARK

Meine Gnade ist über dir, mein Kind. Gib der Entmutigung keinen Raum. Der Feind hat dich verhöhnt: "Hat Gott wirklich gesagt...?" und hat deine Sinne mit Zweifeln überfallen. Bleib stark und beständig in mir, mein Kind. Meine Gnade reicht aus für dich. Nimm die Waffen, die ich dir gegeben habe. Dein einfaches Vertrauen in mich ist die weit mächtigste davon.

Wenn du schwach bist, denke daran, du bist stark in mir. Du kommst immer noch manchmal zu mir mit der Erwartung, von mir getadelt zu werden.

Oh, mein Liebes, weißt du nicht, dass ich dich so gern in meine liebenden Arme schließen will?

 Conny Hubbard

Keine Sünde, kein Fehler, oder Schwachheit macht mich so traurig als deine Unwilligkeit oder dein Zögern, zu mir zu kommen.

Komm einfach! Ich erwarte und verlange sonst nichts.

Matth. 11,28 Kommt her zu mir alle, die ihr mühselig und beladen seid; ich will euch erquicken. LUT

SIEG

Bleib dabei, in der Wahrheit festzustehen, mein Kind. Vollkommener Sieg wartet.

Bring mir alle deine Gedanken und Sorgen. Ich werde dich befreien. Ich bin stärker als der Feind deiner Seele. Und ich bin auf deiner Seite.

Ich werde dir weiterhin verborgene Schätze geben.

Du kannst nicht mit Vollmacht lehren, was du nur von jemand anderem gehört hast. Deine Autorität und wahre Vollmacht zu lehren kommt, indem du aus der Knechtschaft in den Sieg gehst. Ich brauche bevollmächtigte und befugte Diener, die ich beauftragen und senden kann, die zu lehren, die lernen wollen.

Conny Hubbard

1. Joh. 5,4 Denn alles, was von Gott geboren ist, überwindet die Welt; und unser Glaube ist der Sieg, der die Welt überwunden hat.

Conny Hubbard

Herr, wie gut du bist!
Wie treu und wie zärtlich!
Hilf mir, auf dem rechten Weg
zu bleiben und nicht davon
abzuweichen.
Du gibst mir mehr, als ich
je zu träumen gewagt hätte.
Danke mein lieber, lieber Freund.
Danke für deine treue Liebe.

MEIN JOCH IST LEICHT

Mein Kind, ich habe dir Gaben gegeben, ohne Reue. Ohne jemals daran zu denken, sie wieder zurückzunehmen. Ruhe im Vertrauen darauf, dass meine Gaben in dir wirken und alles, was du erreichst, nicht in deinem eigenen Tun begründet ist.

Du bist nur dafür verantwortlich, ein guter Verwalter meiner Gaben zu sein.

Du nimmst zu viel Verantwortung auf dich und leidest dann an einem unnötig schweren Joch. Habe ich nicht gesagt: "Mein Joch ist sanft und meine Last ist leicht?" Warum nur strengst du dich so an?

Ich lade dich ein, von meiner Stärke und meiner Kraft zu nehmen. Lehn dich an mich, um die Last abzulegen.

 Conny Hubbard

Nimm jede Aufgabe für sich
—eine nach der anderen—und
vertraue mir, dass ich dir die
Gnade und Kraft gebe, die dir
immer zur Verfügung steht.

*Röm. 11,29 Denn Gott nimmt seine
Gnadengeschenke nicht zurück, und
eine einmal ausgesprochene Berufung
widerruft er nicht.*

SEI EINFACH DA

Mein liebes Kind, es ist in meiner Verantwortung, meinen Willen in deinem Leben voranzubringen. Ich werde alles gebrauchen, was du jemals erlebt hast, sogar die Enttäuschungen und wo du versagt hast. Du hast Entmutigung und Enttäuschung tapfer bekämpft. Lass sie los. Überlass sie mir. Lass mich dir helfen, weiterzugehen.

Es gibt viele, die mir nicht mehr vertrauen können, weil sie meine Stimme nicht mehr hören können. Sie sind verletzt und verwundet durch andere Hirten, die sie hätten lehren sollen, auf meine Stimme zu hören. Meine Schafe haben diesen Hirten vertraut. Unglücklicherweise sind manche von meinen Schafen fehlgeleitet worden. Andere wurden misshandelt. Deshalb können sie nicht mehr zwischen meiner Stimme und der Stimme eines unfreundlichen Hirten unterscheiden.

Wenn ich zu ihnen rede, hören diese Menschen meine Stimme durch ihre Filter von Religiosität und Gesetzlichkeit.

Meine Stimme wird dadurch verzerrt in ihren Ohren. Genauso, wie ich dich mit Seilen der Liebe zu mir gezogen habe, werde ich auch sie

Conny Hubbard

zurückbringen zu meinem Herzen mit Seilen meiner ewigen Liebe.

Kind, das größte, was du tun kannst, ist mich bedingungslos zu lieben mit deinem ganzen Herzen, deiner Seele, deinem Verstand und all deiner Kraft und deinen Nächsten zu lieben, wie dich selbst.

Vertraue. Ruhe. Liebe. Genieße. Lache. Tanze. Sei.

Sei einfach da.

Luk. 10,27 Er antwortete und sprach: "Du sollst Gott, deinen HERRN, lieben von ganzem Herzen, von ganzer Seele, von allen Kräften und von ganzem Gemüte und deinen Nächsten als dich selbst. LUT

AUGEN DES HERZENS

Mein Kind, ich habe dich geschaffen, mit der Fähigkeit, Visionen zu sehen und mit meinem Geist zu fließen. Zeitweise hast du dich mehr auf die Lehre der Menschen verlassen, als dich von meinem Geist leiten zu lassen.

Obwohl du dich danach gesehnt hast, mir zu gefallen, hast du der Menschenfurcht und dem überwältigenden Verlangen, den Menschen zu gefallen, Raum gegeben. Das hat dich vom Gebrauch der Gaben fern gehalten, die ich dir gegeben habe.

Kehre um, lege ab, orientiere dich neu und richte deine Aufmerksamkeit darauf, mir zuerst zu gefallen!

Ich lade dich ein, all deine Furcht und Ablenkung beiseite zu legen

 Conny Hubbard

und mir zu erlauben, frei durch dich zu fließen, sodass ich meine Gegenwart und meine Liebe zu meinem Volk durch dich offenbaren kann.

Spr. 29,25 Sich vor Menschen fürchten bringt Gefahr; auf den HERRN vertrauen bringt Sicherheit.

EIN NEUER TAG

Meine teure, geliebte Tochter, mein Kind, mein kostbares Eigentum, Kind meiner Liebe und Kind meines Herzens.

Ich sehne mich nach dir mit meiner unendlichen Liebe.

Ich sehe deine Ängste. Ich verstehe deine Sorgen. Ich kümmere mich um deine Nöte.

Du hast deine Ängste, deine Sorgen und dein ganzes Leben zu mir gebracht. Du hast dich durch manche Probleme gequält. Und du bist gewachsen. Du hast den Berg mit mir bezwungen. Du bist mir nachgefolgt auf dem schwierigen Weg.

"Und jetzt?" sagst du: "Was jetzt?"

Dies ist ein neuer Tag, meine Tochter. Eine neue Stunde. Und ich habe Neues in meinem Plan für dich.

Einiges wird nicht mehr so sein wie in der Vergangenheit.

Fürchte dich nicht, denn du bist gut vorbereitet. Ich habe dich gelehrt und trainiert, im Geist zu wandeln.

Ich bin immer mit dir. Ich kenne dein Verlangen, deinem Gott nahe zu sein.

Gib den leisen Bewegungen und Regungen des Geistes in dir Raum.

 Conny Hubbard

Die Flut meines Geistes wird kommen.

Tatsächlich hat sie schon begonnen, obwohl sie noch kaum wahrnehmbar ist.

Und doch sammelt sie schon Stärke, Schwung und Geschwindigkeit. Sie wird in einen gewaltigen Fluss münden.

Ein Rinnsal eines winzigen Stromes—nicht beachtet, unbemerkt und nicht gewürdigt—wird weiter fließen.

Es wird stärker, weiter und weitreichender, als du dir jemals vorstellen kannst.

Sach. 4,10 Wer blickt hier verächtlich auf den kümmerlichen Beginn?

Conny Hubbard

Epilog

Liebe Leserin, lieber Leser,

Jetzt bist du dran. Jemand anders kann dir den ganzen Tag lang sagen, wie sehr Gott dich liebt. Doch dein Herz muss es von ihm selbst hören. Wenn sich dein Herz für seine Liebe öffnet, dann öffnest du dein Herz für seine Heilung. Seine Worte werden alle Anliegen ansprechen, jeden Schmerz heilen, alle Wunden reinigen und alle Bürden erleichtern.

Bitte ihn ganz herzlich zu kommen, und zu dir zu sprechen. Bring deine Gedanken zur Ruhe, und warte mit einem offenen, demütigen und erwartendem Herzen auf seine Stimme. Die Worte kommen manchmal so klar wie ein Bergbach. Oder sie kommen als ein Bild, ein Eindruck, ein Gefühl oder einfach als eine feine, zarte Stimme.

Nimm seine zärtlichen Worte der Liebe einfach an, indem du laut sagst, was du spürst, was er dir sagen will. Dann schreib deine

Eindrücke und die Worte, die kommen, auf. Du wirst feststellen, wie dein Herz auf seine wohltuende und wunderbare Liebe reagiert—oft auch mit Tränen!

Gib dich ihm hin und glaube nur, dass es dein liebender Gott ist der zu deinem Herzen spricht. Wenn du dir nicht sicher bist, dass du wirklich von Gott hören kannst, dann frage einen Bruder oder Schwester, deren Leben von der Frucht des Heiligen Geistes, der Liebe, ausgeprägt ist. Bitte einen gläubigen Christen, der ein gutes Verständnis vom der Bibel hat. Bleib in Gemeinschaft mit anderen Gläubigen und folge dem Herrn mit weiteren Schritten, die er dir zeigt.

Nachsinnen, lernen und lesen im Wort Gottes bewahren dich vor menschlichen Fehlern. Es ist auch immer gut, den Herrn zu bitten, dass er sein Wort das er zu dir spricht, mit dem Wort Gottes bestätigt.

Conny Hubbard

Mein Gebet für dich

"…daß er euch Kraft gebe nach dem Reichtum
seiner Herrlichkeit, stark zu werden
durch seinen Geist an dem inwendigen Menschen,
daß Christus wohne durch den
Glauben in euren Herzen und ihr durch die Liebe
eingewurzelt und gegründet werdet,
auf daß ihr begreifen möget mit allen Heiligen,
welches da sei die Breite und die
Länge und die Tiefe und die Höhe; auch erkennen
die Liebe Christi, die doch alle
Erkenntnis übertrifft, auf daß ihr erfüllt
werdet mit allerlei Gottesfülle.
Dem aber, der überschwenglich tun kann über alles,
das wir bitten oder verstehen,
nach der Kraft, die da in uns wirkt, dem sei Ehre
in der Gemeinde, die in Christo Jesu ist,
zu aller Zeit, von Ewigkeit zu Ewigkeit! Amen."

Epheser 3,16-21

Grenzenlos Geliebt

Gottes Plan der Erlösung

Wenn du noch nicht diese Beziehung mit Gott hast, wo du weißt, dass du sein Kind bist, und wenn du noch nie seine Liebe für dich persönlich erlebt hast, dann lade ich dich ein, das kurze Gebet auf dieser Seite zu beten. Du kannst ein Teil der Familie Gottes sein, seine Liebe empfangen und ewiges Leben in seinem Reich haben.

Niemand kommt in den Himmel aufgrund seiner eigenen Werke. Selbst der beste Mensch auf der Welt braucht Erlösung von Sünde.

Römer 3,23 …Alle sind schuldig geworden und haben die Herrlichkeit verloren, in der Gott den Menschen ursprünglich geschaffen hatte

Jesus hat die Strafe für die Sünde—Tod und ewige Trennung—auf sich genommen. Gott selbst sandte seinen Sohn, um diesen Preis am Kreuz an unser Statt zu bezahlen.

1 Kor. 15,3 …dass Christus gestorben sei für unsre Sünde.

Jesus stand auf von den Toten am dritten Tag. Er lebt und sein Geschenk ist das ewige Leben.

Römer 6,23 Der Lohn, den die Sünde zahlt, ist der Tod. Gott aber schenkt uns unverdient, aus reiner Gnade, ewiges Leben durch Jesus Christus, unseren Herrn.

Dieses Geschenk der Erlösung ist für alle zugänglich, die ihn bitten. Erlösung beinhaltet Heilung, Befreiung, Heilsein für Geist, Seele und Leib. Wir können niemals genug dafür arbeiten oder gut genug sein. Es kommt zu uns durch den Glauben in das Werk Gottes, das er vollendet hat.

Röm. 10,13 Denn "wer den Namen des HERRN anrufen wird, soll selig werden."

Joh. 3,16 Also hat Gott die Welt geliebt, dass er seinen eingeborenen Sohn gab, auf dass alle, die an ihn glauben, nicht verloren werden, sondern das ewige Leben haben.

Gebet

Herr Jesus Christus, ich glaube, dass du der Sohn Gottes bist und dass du für mich gestorben bist. Ich danke dir, dass du meinen Platz am Kreuz eingenommen hast. Bitte vergib mir für alle meine Sünden und Schuld und errette mich!

(Sprich zu Gott in deinen eigenen Worten die aus deinem Herzen kommen.)

Conny Hubbard

Über die Autorin

Ich wurde in Süddeutschland als älteste von fünf Kinder geboren. Mein Vater verstarb im Alter von 46 Jahren, kurz bevor ich mit meinem College fertig war. Ich bin in einer katholischen Familie aufgewachsen, aber ich wusste nie, dass ich eine persönliche Beziehung mit Gott haben kann.

Ich hatte sehr viel Angst vor Gott, jedoch wusste ich, dass die geistliche Welt real war.

Nachdem ich verheiratet war und mein Sohn gerade 2 Jahre alt war, lernte ich durch eine Freundin, was es bedeutet, ein Nachfolger Jesu zu sein. Ich war so hungrig für das Wort Gottes und verbrachte viele Stunden mit der Bibel.

Etwa ein Jahr nach meiner Bekehrung kehrte mein Mann Bob zum Glauben zurück. Da mein Mann im Militär war, sind wir oft umgezogen. Während diesen Zeiten, wenn alle meine Orientierungspunkte weg waren, wurden das Wort Gottes und seine Gegenwart mein Ort der Geborgenheit und Sicherheit.

Durch allen Wechsel konnten wir wachsen. Als Bob den Militärdienst erfüllt hatte, gingen wir beide zur Bibelschule.

Später waren wir 10 Jahre lang Pastoren in einer Gemeinde in Pennsylvania.

Wir leben jetzt in North Carolina.